小学社会 都道府県 白地図暗記カード

●はじめに
- この本は，都道府県に関して，小学3年・4年で学習する**都道府県**の名まえや位置など基本的なことがらから，自然・産業など発展的なこと，さらには**日本の国土**のようすまでを学習できるようにしています。
- 都道府県の基本的なことがらから日本の国土のようすまで学習できるようになっていますので，**日常学習から中学入試対さくまで**はば広く使えます。

●この本の特色と使い方
- 第1編では，主に都道府県ごとの特色 ところどころに

  きょうど料理はなに？ や　この人だれ？ や　○○○のランキング

  を入れて，都道府県のはば広い知識が身につくようにしています。
  第2編では，主に日本の国土(自然・産業・文化など)のようすを学習できるようにしてあります。
- 必要におうじてページには，より深く学べるように かいせつ や さんこう や おさらい を入れたり，楽しく学習できるようにクイズをもうけたりしています。また，ページのいちばん下には 知ってる？ を入れて，おもしろそうなじょうほうをしょうかいしています。
- この本は， ☐ などの中に重要な地名や産物などを赤刷りで入れてあり，表紙うらについている**赤いフィルター**をのせれば，その文字が消えるようになっています。
- 消えるフィルターを使えば，空らんをうめる問題に早変わりしますので，そこにあてはまることばを考えましょう。答え合わせはフィルターをはずすだけでOK。また，覚えられるまで**何回でもくり返して**学習できます。

もくじ

第1編　都道府県編

第1章　都道府県のすがた

1. 日本の地域区分を覚えよう ········· 4
2. 九州地方の県を覚えよう ········· 5
3. 沖縄県を知ろう ················· 6
4. 鹿児島県を知ろう ··············· 7
5. 宮崎県を知ろう ················· 8
6. 大分県を知ろう ················· 9
7. 熊本県を知ろう ················ 10
8. 長崎県を知ろう ················ 11
9. 佐賀県を知ろう ················ 12
10. 福岡県を知ろう ················ 13
11. 中国・四国地方の県を覚えよう ····· 14
12. 高知県を知ろう ················ 15
13. 愛媛県を知ろう ················ 16
14. 香川県を知ろう ················ 17
15. 徳島県を知ろう ················ 18
16. 山口県を知ろう ················ 19
17. 広島県を知ろう ················ 20
18. 岡山県を知ろう ················ 21
19. 島根県を知ろう ················ 22
20. 鳥取県を知ろう ················ 23
21. 近畿地方の府や県を覚えよう ····· 24
22. 和歌山県を知ろう ··············· 25
23. 奈良県を知ろう ················ 26
24. 兵庫県を知ろう ················ 27
25. 大阪府を知ろう ················ 28
26. 京都府を知ろう ················ 29
27. 滋賀県を知ろう ················ 30
28. 三重県を知ろう ················ 31
29. 中部地方の県を覚えよう ········· 32
30. 愛知県を知ろう ················ 33
31. 静岡県を知ろう ················ 34
32. 岐阜県を知ろう ················ 35
33. 長野県を知ろう ················ 36
34. 山梨県を知ろう ················ 37
35. 福井県を知ろう ················ 38
36. 石川県を知ろう ················ 39
37. 富山県を知ろう ················ 40
38. 新潟県を知ろう ················ 41
39. 関東地方の都県を覚えよう ······· 42
40. 神奈川県を知ろう ············... 43
41. 東京都を知ろう ················ 44
42. 千葉県を知ろう ················ 45
43. 埼玉県を知ろう ················ 46
44. 群馬県を知ろう ················ 47
45. 栃木県を知ろう ················ 48
46. 茨城県を知ろう ················ 49
47. 東北・北海道地方の
　　道県を覚えよう ············· 50
48. 福島県を知ろう ················ 51
49. 山形県を知ろう ················ 52
50. 秋田県を知ろう ················ 53
51. 宮城県を知ろう ················ 54
52. 岩手県を知ろう ················ 55
53. 青森県を知ろう ················ 56
54. 北海道を知ろう ················ 57

第2章　さまざまな都道府県

55. 面積が広い都道府県はどこかな？ ···· 58
56. 面積がせまい都道府県は
　　どこかな？ ················· 59
57. 人口の多い都道府県はどこかな？ ··· 60
58. 人口の少ない都道府県は
　　どこかな？ ················· 61
59. 海のない都道府県はどこかな？ ····· 62

第2編　日本編

第1章　自然・文化・日本のすがた

60. 日本の高い山や
　　　山地・山脈を覚えよう‥‥‥63
61. 日本の長い川を覚えよう‥‥‥‥‥64
62. 日本の大きな湖を覚えよう‥‥‥‥65
63. 日本のおもな平野・盆地を覚えよう‥‥66
64. 日本のおもな半島・岬，
　　　大きな島を覚えよう‥‥‥‥67
65. 日本の気候区分を覚えよう‥‥‥‥68
66. 日本の世界遺産はどこかな？‥‥‥69
67. 日本のラムサール条約登録地は
　　　どこかな？‥‥‥‥‥‥‥70
68. 伝統工芸品の生産地はどこかな？‥‥71
69. 日本各地の祭りを知ろう‥‥‥‥‥72
70. 政令指定都市を覚えよう‥‥‥‥‥73
71. 日本のはしと
　　　まわりの国々を知ろう‥‥‥74

第2章　農林水産業

72. 米のおもな生産地はどこかな？‥‥‥75
73. りんごとみかんの
　　　おもな生産地はどこかな？‥‥76
74. きゅうりのおもな生産地はどこかな？‥77
75. キャベツのおもな生産地はどこかな？‥78
76. 牛を多く飼う都道府県はどこかな？‥79
77. ぶたを多く飼う都道府県はどこかな？‥80
78. にわとりを多く飼う
　　　都道府県はどこかな？‥‥‥‥81
79. 森林面積の広い
　　　都道府県はどこかな？‥‥‥‥82
80. 水あげ量の多い漁港はどこかな？‥‥83
81. まぐろとさんまの漁かく量の
　　　多い都道府県は？‥‥‥‥‥84

第3章　工業・交通・貿易

82. 鉄鋼の生産額が多い
　　　都道府県はどこかな？‥‥‥‥85
83. 化学工業の生産額が多い
　　　都道府県はどこかな？‥‥‥‥86
84. 機械工業の生産額が多い
　　　都道府県はどこかな？‥‥‥‥87
85. 食料品工業の生産額が多い
　　　都道府県はどこかな？‥‥‥‥88
86. 日本の工業地帯・地域を覚えよう‥‥89
87. おもな高速道路の
　　　ルートを覚えよう‥‥‥‥‥90
88. 新幹線のルートを覚えよう‥‥‥‥91
89. おもな空港を覚えよう‥‥‥‥‥‥92
90. 入港した船のトン数が多い
　　　港を覚えよう‥‥‥‥‥‥‥93
91. 日本が食料を多く輸入している
　　　国はどこかな？‥‥‥‥‥‥94
92. 日本が資源を多く輸入している
　　　国はどこかな？‥‥‥‥‥‥95
93. 日本が工業製品を多く輸出している
　　　国はどこかな？‥‥‥‥‥‥96

写真提供・所蔵・協力一覧（敬称略・順不同）
元祖むらさき／名古屋観光コンベンションビューロー／沖縄観光コンベンションビューロー／社団法人札幌観光協会羊ヶ丘展望台／国営吉野ヶ里歴史公園事務所　など

第1編 都道府県編

第1章 都道府県のすがた

1 日本の地域区分を覚えよう

●8地方区分

かいせつ 8地方区分
47都道府県を，**北海道**地方，**東北**地方，**関東**地方，**中部**地方，**近畿**地方，**中国**地方，**四国**地方，**九州**地方の8つの地方に分けることができます。これを8地方区分といいます。

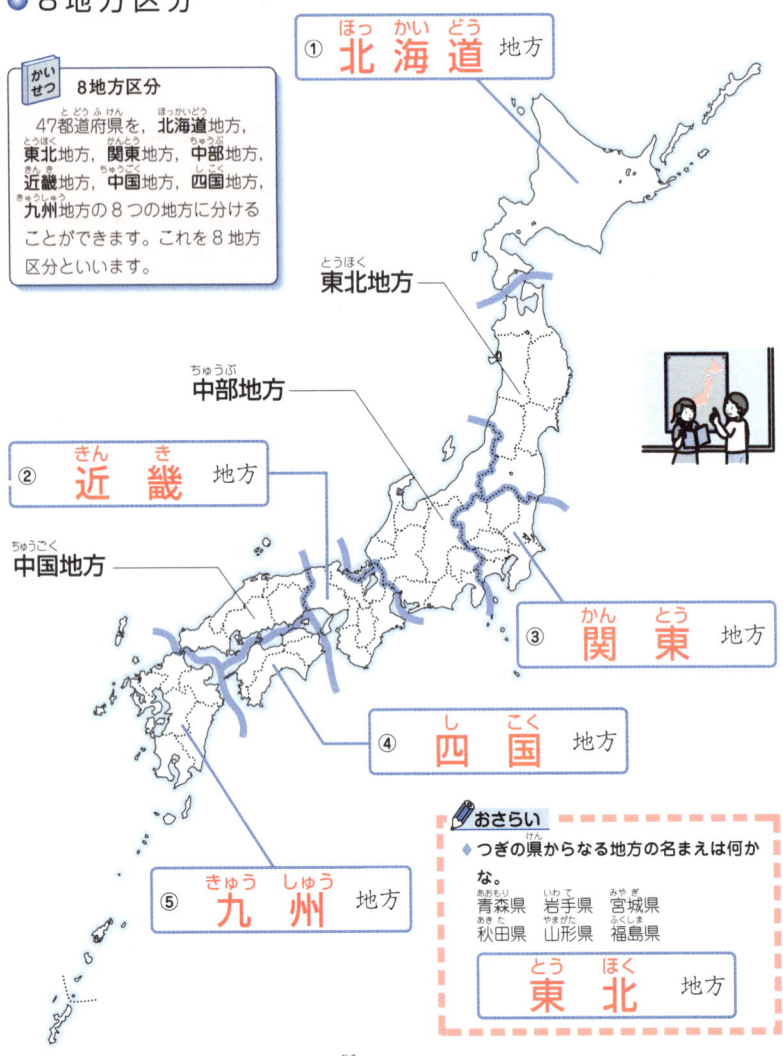

① 北海道 地方
東北地方
中部地方
② 近畿 地方
中国地方
③ 関東 地方
④ 四国 地方
⑤ 九州 地方

📝おさらい

◆ つぎの県からなる地方の名まえは何かな。

青森県　岩手県　宮城県
秋田県　山形県　福島県

東北 地方

知ってる? 8つの地方の中でいちばん広いのは**北海道地方**。北海道地方は，四国地方と九州地方を合わせた面積よりも広い。

2 九州地方の県を覚えよう

●九州地方の県と県庁所在地

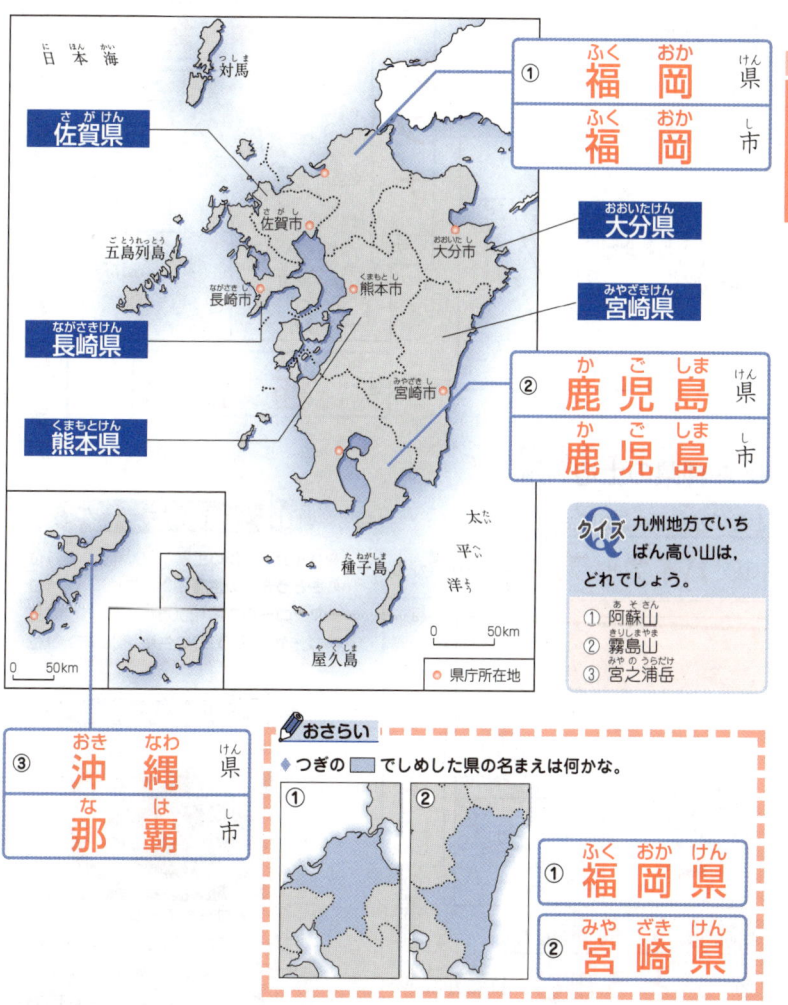

知ってる? 8県なのに九州というのは、明治時代まで九州本島は9つの国に分けられていたため。

クイズの答え ③(阿蘇山 1592m、霧島山 1700m、宮之浦岳 1936m)

3 沖縄県を知ろう

県庁所在地は？
那覇市

沖縄県はどこかな？

沖縄県のデータ
面積 2276km²
人口 138万人
(2008年)

● 沖縄県の地形

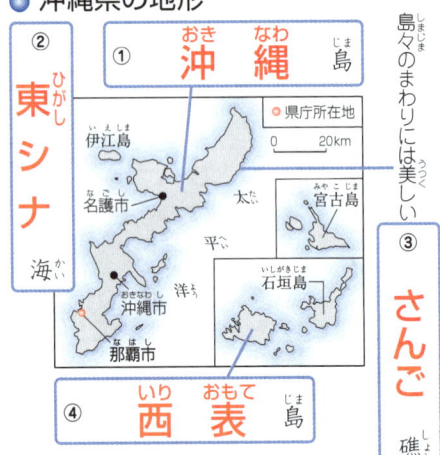

① 沖縄島
② 東シナ海
③ さんご礁
④ 西表島

島々のまわりには美しい

● 沖縄県の土地利用

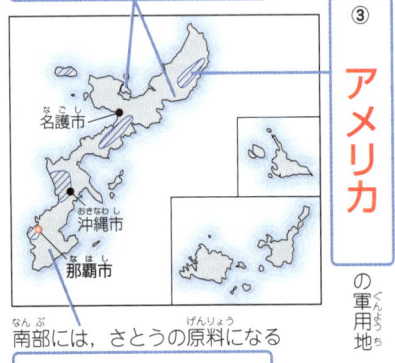

おもにかんづめに加工される
① **パイナップル** の畑が広がる

③ **アメリカ** の軍用地

南部には、さとうの原料になる
② **さとうきび** の畑が広がる

沖縄県のランキング

- パイナップルの生産(2007年) 1位
- さとうきびの生産(2007年) 1位
- マンゴーの生産(2005年) 1位
- ゴーヤ(にがうり)の生産(2006年) 1位

きょうど料理はなに？

▲ ゴーヤチャンプル

「ゴーヤ」はにがうり、「チャンプル」はまぜ合わせるという意味の沖縄の言葉。ゴーヤとぶた肉、たまごなどをまぜ合わせたいためもの。

知ってる？ 沖縄県の気候は、暑い熱帯に近いため、亜熱帯の気候という。

4 鹿児島県を知ろう

県庁所在地は？ 鹿児島市

鹿児島県はどこかな？

鹿児島県のデータ
面積 9189km²
人口 172万人
(2008年)

● 鹿児島県の地形

火山灰や軽石などからなる
① **シラス** 台地が広がる
② **薩摩** 半島
③ **宮崎** 県
④ **種子** 島

● 鹿児島県の農業・漁業・鉱業

シラス台地の笠野原では，肉牛，ぶたなどを飼う
① **畜産** がさかん
② **かつお** やさばの水あげが多い
③ **うなぎ** のようしょく
金・銀の鉱山 がさかん

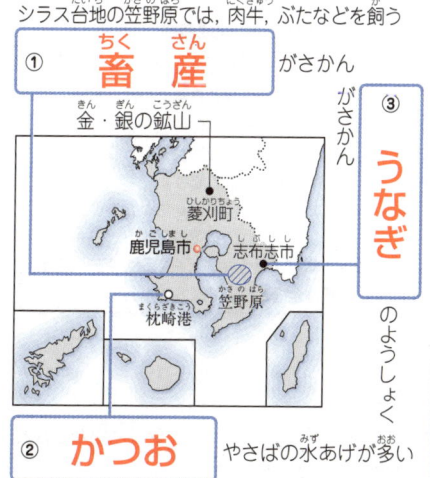

かいせつ シラス台地
宮崎県南部から鹿児島県にかけて広がる火山灰があつくおおう台地。水を通しやすいので水田にすることがむずかしく，古くからさつまいもなどの畑作がおこなわれてきました。用水が引かれた笠野原では，牧草を育て，肉牛やぶたなどを飼育する畜産がさかんです。

クイズ
鹿児島県の特産物のひとつとして「桜島○○○○」とよばれるやさいがあります。○○○○にあてはまるやさいは，どれでしょう。
① かぼちゃ
② だいこん
③ にんじん

知ってる？ 種子島と大隅半島の肝付町には，ロケット打ち上げ基地（宇宙センター）がある。

クイズの答え ②

5 宮崎県を知ろう

県庁所在地は？
宮崎市

宮崎県はどこかな？

宮崎県のデータ
面積 7735km²
人口 114万人
(2008年)

● 宮崎県の地形

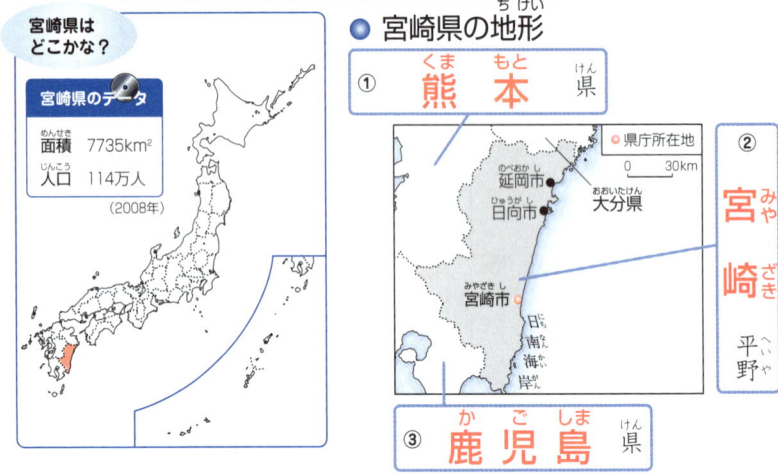

① **熊本**県
② **宮崎**平野
③ **鹿児島**県

● 宮崎県の農業・工業・名所・歴史

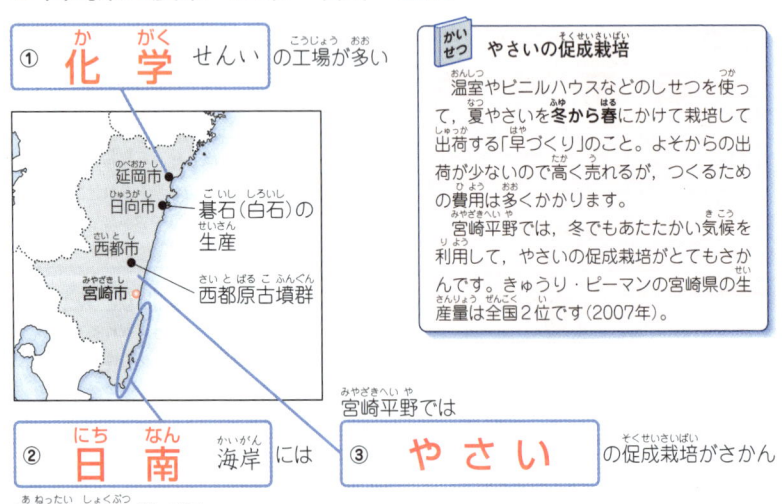

① **化学**せんいの工場が多い

かいせつ やさいの促成栽培
温室やビニルハウスなどのしせつを使って，夏やさいを冬から春にかけて栽培して出荷する「早づくり」のこと。よそからの出荷が少ないので高く売れるが，つくるための費用は多くかかります。
宮崎平野では，冬でもあたたかい気候を利用して，やさいの促成栽培がとてもさかんです。きゅうり・ピーマンの宮崎の生産量は全国2位です(2007年)。

② **日南**海岸には亜熱帯の植物がしげる

③ 宮崎平野では**やさい**の促成栽培がさかん

知ってる？ 日向市で生産される碁石の白石はハマグリでつくられ，高級品として知られる。

6 大分県を知ろう

県庁所在地は？
大分市

大分県はどこかな？

大分県のデータ
面積 6340km²
人口 120万人
(2008年)

● 大分県の地形

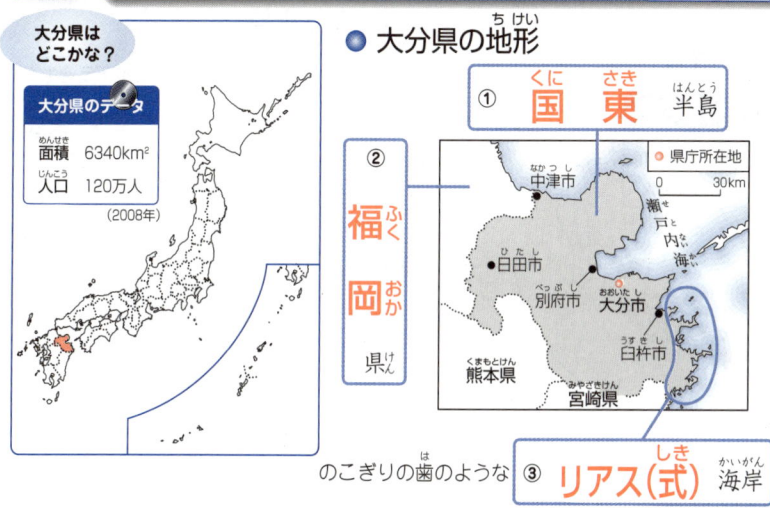

① 国東半島
② 福岡県
③ リアス(式)海岸 ― のこぎりの歯のような

● 大分県の工業・林業・観光

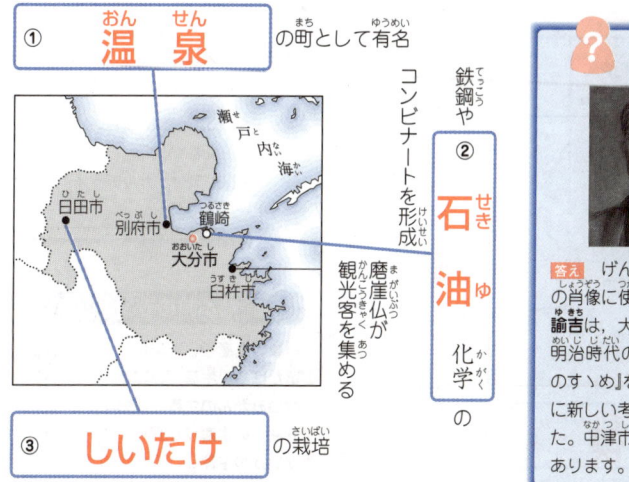

① 温泉 の町として有名
② 石油 化学のコンビナートを形成／鉄鋼や
　磨崖仏が観光客を集める
③ しいたけ の栽培

この人だれ？

答え げんざいの一万円札の肖像に使われている**福沢諭吉**は、大分県の出身です。明治時代のはじめに『学問のすゝめ』をあらわし、人々に新しい考え方を教えました。中津市に諭吉の旧宅があります。

知ってる? 大分県の温泉のわき出る量は全国一。別府や湯布院などの温泉は多くの観光客を集める。

7 熊本県を知ろう

県庁所在地は？
熊本市

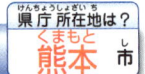

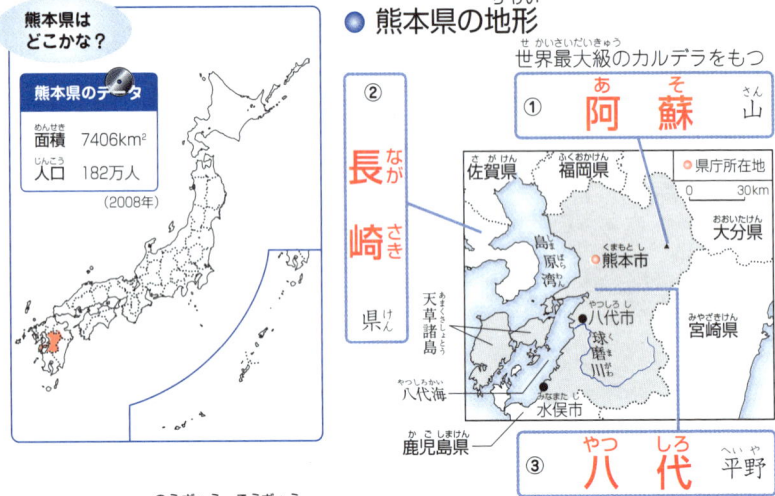

熊本県の地形

- 世界最大級のカルデラをもつ ① **阿蘇**山
- ② **長崎**県
- ③ **八代**平野

熊本県のデータ
- 面積 7406km²
- 人口 182万人
(2008年)

熊本県の農業・工業

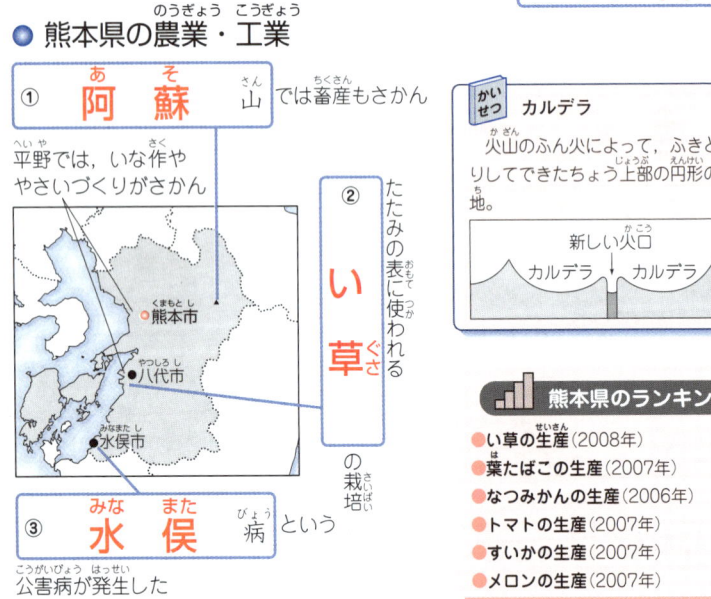

- ① **阿蘇**山では畜産もさかん
- 平野では、いな作やさいづくりがさかん
- ② **い草**の栽培 — たたみの表に使われる
- ③ **水俣**病という公害病が発生した

かいせつ カルデラ
火山のふん火によって、ふきとんだりしてできたちょう上部の円形のくぼ地。

新しい火口
カルデラ ← → カルデラ

熊本県のランキング
- い草の生産（2008年） 1位
- 葉たばこの生産（2007年） 1位
- なつみかんの生産（2006年） 1位
- トマトの生産（2007年） 1位
- すいかの生産（2007年） 2位
- メロンの生産（2007年） 3位

知ってる？ 八代海にそそぐ球磨川は，最上川，富士川とともに日本の**三大急流**である。

8 長崎県を知ろう

県庁所在地は？ 長崎市

長崎県はどこかな？

長崎県のデータ
面積 4104km²
人口 144万人
(2008年)

● 長崎県の地形

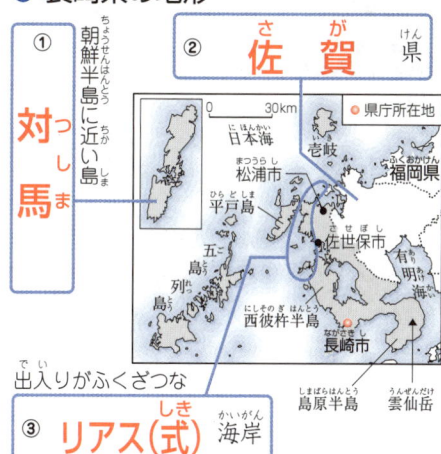

① 朝鮮半島に近い島 **対馬**

② **佐賀**県

③ 出入りがふくざつな **リアス(式)**海岸

● 長崎県の漁業・工業・歴史

長崎県のようしょく

① **しんじゅ** の生産量は全国有数

東シナ海で漁業 九州一の水あげ量

古くから ② **造船**業がさかん

1945年8月9日 ③ **原子ばくだん**の投下

平和祈念像などのけんせつ

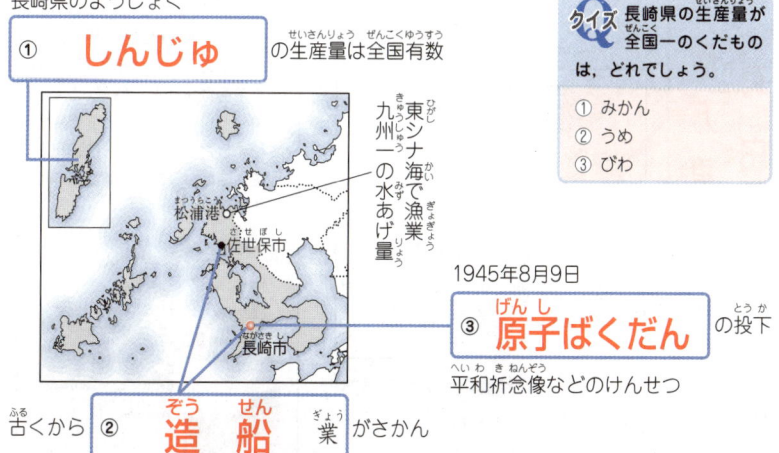

クイズ 長崎県の生産量が全国一のくだものは、どれでしょう。
① みかん
② うめ
③ びわ

知ってる？ 日本にある約7000の島のうち、約1000は長崎県にあり、長崎県の島の数は全国一。

クイズの答え ③(①・②ともに和歌山県が全国一。2007年)

9 佐賀県を知ろう

県庁所在地は？
佐賀市

● 佐賀県の地形

佐賀県はどこかな？

佐賀県のデータ
面積　2440km²
人口　86万人
(2008年)

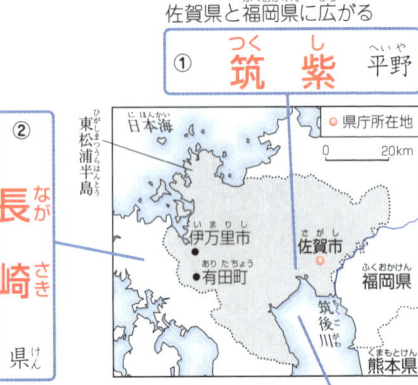

佐賀県と福岡県に広がる
① **筑紫**平野

② **長崎**県

③ **有明**海

東松浦半島

● 佐賀県の農業・漁業・工業・歴史

約2000年近く前の集落あと
② **吉野ヶ里**遺跡

① (**有田**) **伊万里** 焼の生産

筑紫平野は九州地方のいな作地帯

佐賀県のようしょく
③ **のり** の生産量は全国一

かいせつ 吉野ヶ里遺跡

神埼市と神埼郡吉野ヶ里町にまたがってある，今から約2000年近く前の集落あと。まわりにほりをめぐらし，物見やぐらをそなえていました。げんざい，吉野ヶ里歴史公園として整備，開放されています。

主祭殿(会議などがおこなわれた)
物見やぐら
▲ 北内郭
まわりには，このような深いほりがめぐらされていた。

知ってる？ 佐賀県の人口は，九州地方でいちばん少ない。面積も九州地方で沖縄県についでせまい。

10 福岡県を知ろう

県庁所在地は？　福岡市

福岡県はどこかな？

福岡県のデータ
面積 4977km²
人口 505万人
(2008年)

● 福岡県の地形

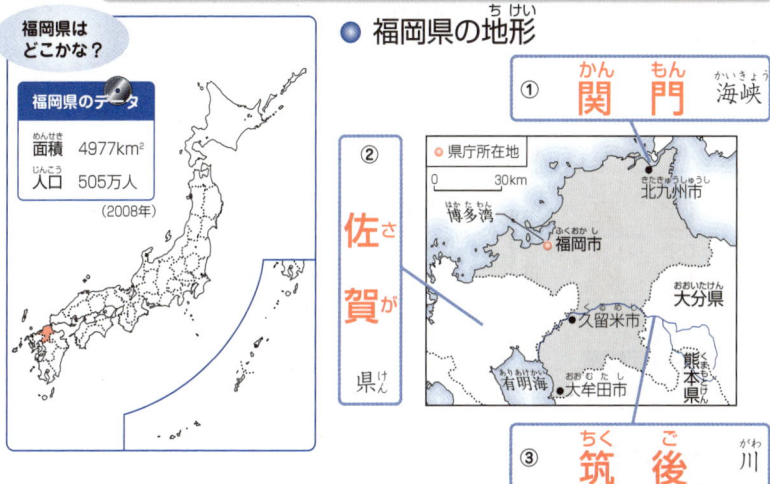

① 関門海峡
② 佐賀県
③ 筑後川

● 福岡県の工業・交通

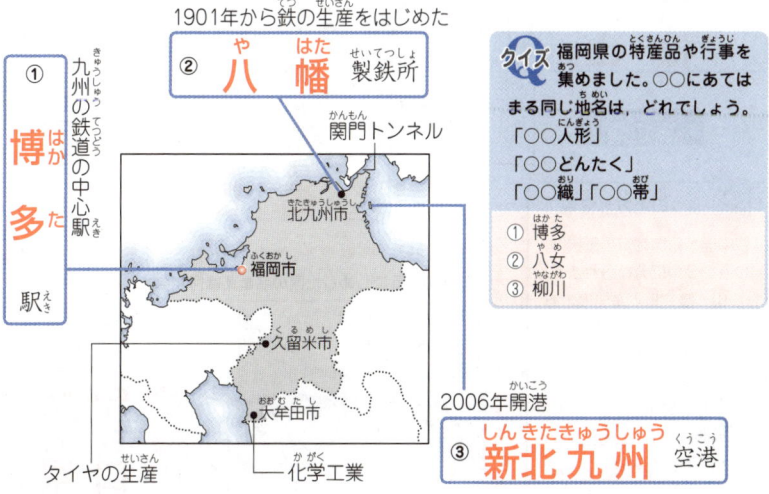

① 博多駅（九州の鉄道の中心駅）
② 八幡製鉄所（1901年から鉄の生産をはじめた）
③ 新北九州空港（2006年開港）

関門トンネル
タイヤの生産
化学工業

クイズ 福岡県の特産品や行事を集めました。○○にあてはまる同じ地名は、どれでしょう。
「○○人形」
「○○どんたく」
「○○織」「○○帯」
① 博多
② 八女
③ 柳川

知ってる？ 福岡－ソウル（韓国）の直線きょりは、福岡－東京よりも近い。

クイズの答え ①

11 中国・四国地方の県を覚えよう

中国・四国地方の県と県庁所在地

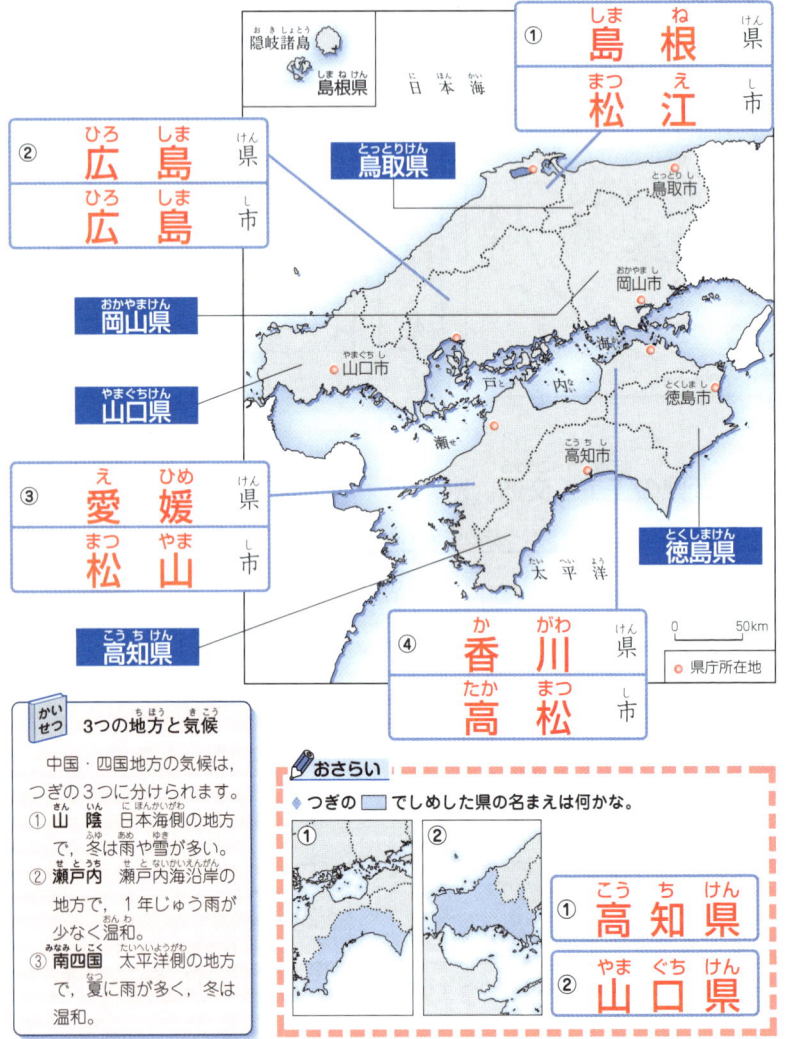

① 島根県 松江市
② 広島県 広島市
③ 愛媛県 松山市
④ 香川県 高松市

鳥取県
岡山県
山口県
徳島県
高知県

かいせつ 3つの地方と気候

中国・四国地方の気候は、つぎの3つに分けられます。
① 山陰 日本海側の地方で、冬は雨や雪が多い。
② 瀬戸内 瀬戸内海沿岸の地方で、1年じゅう雨が少なく温和。
③ 南四国 太平洋側の地方で、夏に雨が多く、冬は温和。

おさらい

◆ つぎの ▨ でしめした県の名まえは何かな。

① 高知県
② 山口県

知ってる? 中国地方でいちばん高い山は大山(鳥取県)の1729m、四国地方では石鎚山(愛媛県)の1982m。

12 高知県を知ろう

県庁所在地は？
高知市

高知県はどこかな？

高知県のデータ
面積 7105km²
人口 77万人
(2008年)

● 高知県の地形

① **愛媛**県
② **高知**平野
③ 四国一の長流，最後の清流 **四万十**川

● 高知県の農業・漁業・工業

こうぞ，みつまたを原料とする 手すき ① **和紙** の生産

高知平野でのなす・ピーマンの ② **促成** 栽培

かつては米の二期作

③ **かつお** の一本づり

かいせつ 二期作
同じ耕地で，1年に2回同じ作物をつくること。高知平野では，かつて，米の二期作がさかんでした。

さんこう 夏やさいの上位3道県

なす		ピーマン	
1位	高知県	1位	茨城県
2位	熊本県	2位	宮崎県
3位	福岡県	3位	高知県

きゅうり		トマト	
1位	群馬県	1位	熊本県
2位	宮崎県	2位	北海道
3位	埼玉県	3位	愛知県

(2007年産)(2009年版「日本のすがた」)

 **知ってる？** 高知県は，台風の通り道にあたり，「台風銀座」とよばれる。

13 愛媛県を知ろう

県庁所在地は？
松山市

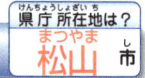

愛媛県はどこかな？

愛媛県のデータ
面積 5678km²
人口 144万人
(2008年)

● 愛媛県の地形

岬十三里(約50km)とよばれる
① **佐田岬**半島

③ **高知**県

出入りがふくざつな ② **リアス(式)**海岸

● 愛媛県の農業・漁業・工業・交通・観光

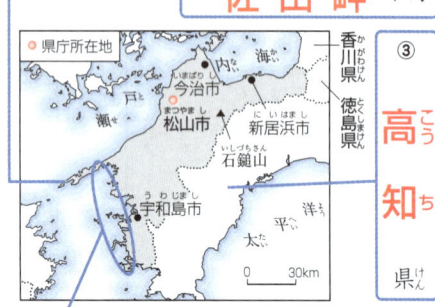

本州四国連絡橋，尾道―今治ルート
① 瀬戸内 **しまなみ** 海道

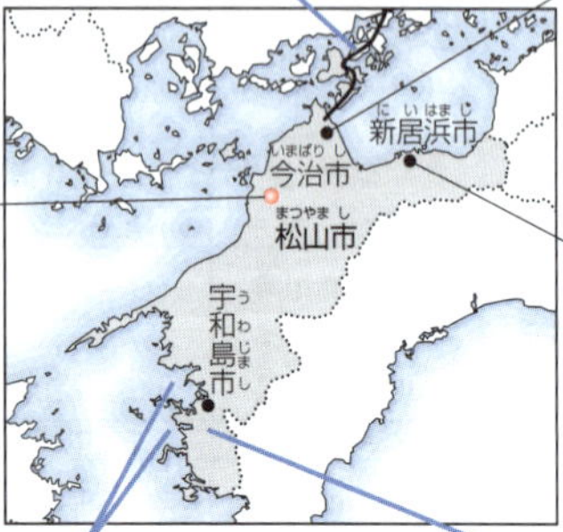

タオルの生産は全国一

瀬戸内工業地域の工業都市

道後には温泉が多い

愛媛県のランキング
- いよかんの生産(2006年)　　1位
- みかんの生産(2007年)　　　2位
- なつみかんの生産(2006年)　2位
- はっさくの生産(2006年)　　3位
- くりの生産(2007年)　　　　3位
- キウイフルーツの生産(2007年)1位
- はだか麦の生産(2008年)　　1位
- タオルの生産(2006年)　　　1位
- ようしょくまだいの生産(2006年)1位
- ようしょくしんじゅの生産(2006年)2位

長崎県とともに多いようしょく
② **しんじゅ** の生産

和歌山県についで多い
③ **みかん** の生産

知ってる？ 愛媛県は，くだものづくりがさかんなので，水田よりもくだもの畑のほうが広い。

14 香川県を知ろう

県庁所在地は？

高松市

● 香川県の地形

香川県はどこかな？

香川県のデータ
面積 1877km²
人口 100万人
(2008年)

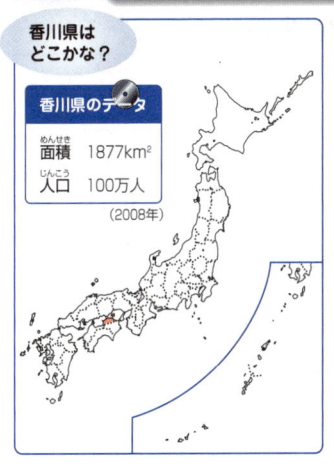

① **小豆**島
② **愛媛**県
③ **讃岐**平野

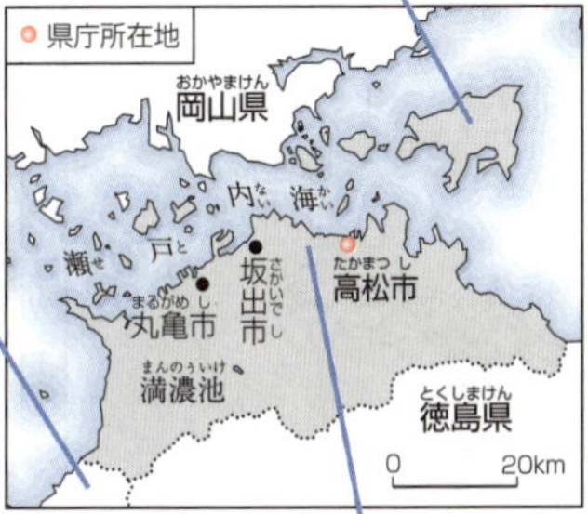

雨が少ない

● 香川県の農業・工業・交通・観光

① **オリーブ**の栽培

しょうゆ，そうめんの特産品

本州四国連絡橋 児島—坂出ルート

② **瀬戸**大橋

塩田のあと地に

③ **瀬戸内**工業地域

ため池が多い讃岐平野

かいせつ 讃岐平野のため池

讃岐平野は雨の少ない土地なので，ひでりの害をふせぐために，古くからため池がたくさんつくられてきました。今に残る**満濃池**は，奈良時代につくられ，僧の空海によって改修されたことで有名です。今の讃岐平野では，吉野川から引いてきた**香川用水**が，生活・農業・工業用水として利用されています。

📊 香川県のランキング

● オリーブの生産(2005年) 1位
● にんにくの生産(2006年) 2位
● うどん(生めん)の生産(2007年) 1位
● うちわ・せんすの生産(2006年) 2位

 **知ってる？** 香川県の面積は日本一せまく，日本一広い北海道の約44分の1。

15 徳島県を知ろう

県庁所在地は？ とくしま市

徳島県はどこかな？

徳島県のデータ
面積 4147km²
人口 79万人
(2008年)

● 徳島県の地形

① 香川県
② 鳴門 — うず潮が見られる鳴門海峡
③ 吉野川

● 徳島県の農業・漁業・工業・交通・観光

本州四国連絡橋, 神戸―鳴門ルート
① 大鳴門橋

鳴門わかめの生産

吉野川流域では, れんこん, にんじんなどの畑作がさかん

夏の ② 阿波 おどり

📝 おさらい

◆ 四国4県のうち, 香川県と愛媛県の県庁所在地名は県名とことなります。

①香川県 ▶ 高松市
②愛媛県 ▶ 松山市

◆ 四国4県のうち, 面積のいちばん広い県の名まえ

高知県

◆ 四国4県の昔の名まえを――で結びました。
①高知県 — 讃岐
②愛媛県 — 阿波
③香川県 — 土佐
④徳島県 — 伊予

知ってる? 「四国三郎」とよばれるあばれ川の吉野川は, 四国一の流域面積をもつ。

16 山口県を知ろう

県庁所在地は？

山口市

山口県はどこかな？

山口県のデータ
面積 6114km²
人口 146万人
(2008年)

● 山口県の地形

① カルスト地形の **秋吉**台

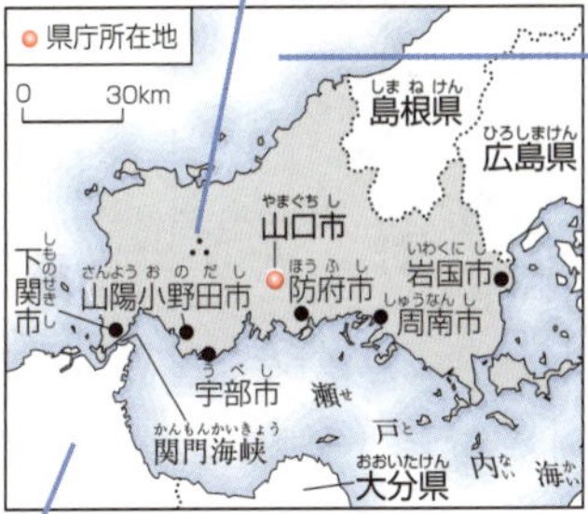

② **日本**海

③ **福岡**県

● 山口県の漁業・工業・観光

① **石油化学** コンビナート

② 県内有数の観光地 / 周防灘でとれる高級魚 **ふぐ** の水あげ

③ 石灰石を原料とする **セメント**工業

かいせつ カルスト地形
石灰岩が雨でとけてできた地形。地上には，すりばち状のくぼ地が見られ，地下には鍾乳洞とよばれる洞穴が見られます。このような独特な地形をカルスト地形といいます。秋吉台は，日本最大のカルスト地形で，地下には秋芳洞など大きな鍾乳洞があり，多くの観光客を集めています。

クイズ 山口県で，いちばん人口の多い都市は，どれでしょう。
① 山口市
② 下関市
③ 宇部市

知ってる？ 下関市では，魚のふぐのことをえんぎをかついで「**ふく（福）**」とよんでいる。

クイズの答え ②（①は約19万人，②は約29万人，③は約17万人。2008年）

17 広島県を知ろう

県庁所在地は？
広島市

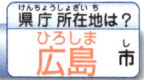

広島県はどこかな？

広島県のデータ
面積 8479km²
人口 287万人
(2008年)

● 広島県の地形

三次市は ① **三次** 盆地の中心都市

② **広島** 湾

世界文化遺産の神社がある ③ **厳** 島

● 広島県の漁業・工業・交通・観光・歴史

1945年8月6日
① **原子ばくだん** の投下

② **かき** のようしょくは全国一

③ **造船** 業がさかん

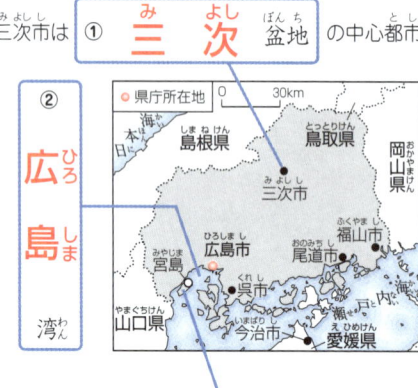

自動車工業がさかん
鉄鋼業がさかん
本州四国連絡橋、尾道―今治ルート
瀬戸内しまなみ海道
宮島は日本三景の一つ

かいせつ 日本三景
日本の3つの風景の美しいところ。宮島(広島県)、天橋立(京都府)、松島(宮城県)の3つ。いずれも美しい海岸線があります。

クイズ 広島県のかきのようしょく量は全国一ですが、全国のどのくらいを生産しているでしょう。
(2006年)
① 約4分の1
② 約3分の1
③ 約2分の1

知ってる? 中国・四国地方で、広島県の面積は最大、人口は最多。

クイズの答え ③

18 岡山県を知ろう

県庁所在地は？
岡山市

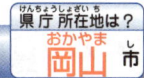

岡山県はどこかな？

岡山県のデータ
面積 7113km²
人口 195万人
(2008年)

● 岡山県の地形

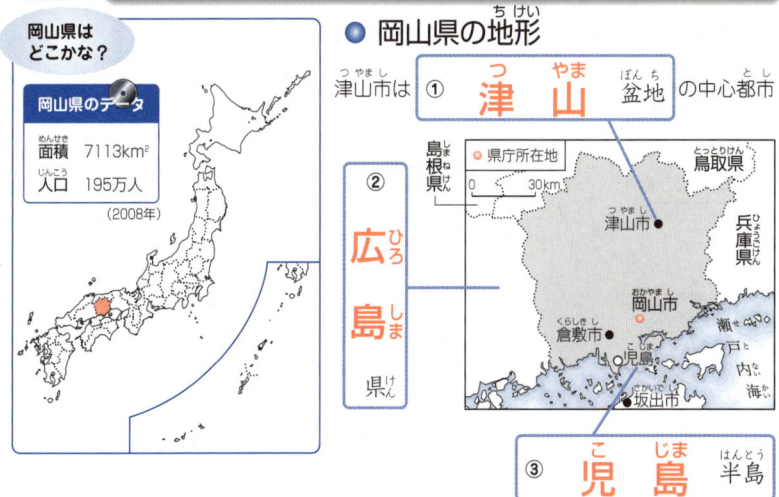

津山市は ① **津山** 盆地の中心都市

② **広島** 県

③ **児島** 半島

● 岡山県の農業・工業・交通・観光

水島地区は瀬戸内工業地域の中心地

① **石油化学** コンビナートのけんせつ

岡山城の近くにある後楽園は日本三名園の一つ

③ 岡山平野では、ぶどうや **もも** の栽培

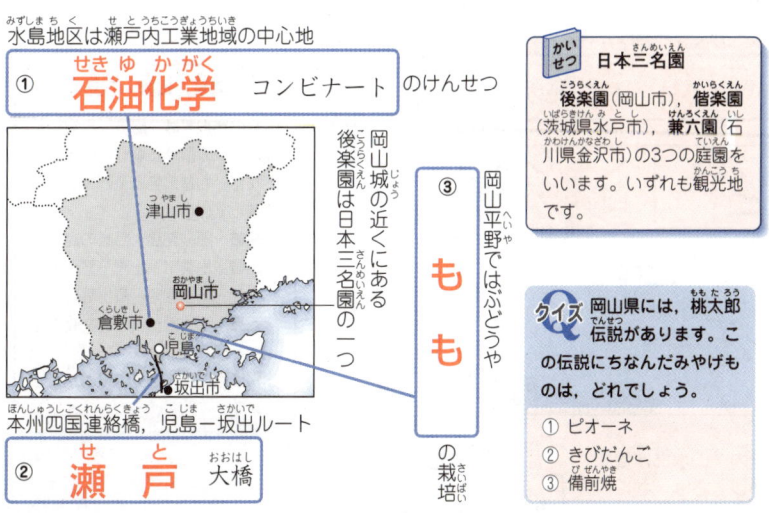

本州四国連絡橋、児島-坂出ルート
② **瀬戸** 大橋

かいせつ 日本三名園
後楽園（岡山市）、偕楽園（茨城県水戸市）、兼六園（石川県金沢市）の3つの庭園をいいます。いずれも観光地です。

クイズQ 岡山県には、桃太郎伝説があります。この伝説にちなんだみやげものは、どれでしょう。
① ピオーネ
② きびだんご
③ 備前焼

知ってる? 本州四国連絡橋3ルートのうち、瀬戸大橋だけが鉄道と道路の両方が通っている。

クイズの答え ②

19 島根県を知ろう

県庁所在地は？
松江市

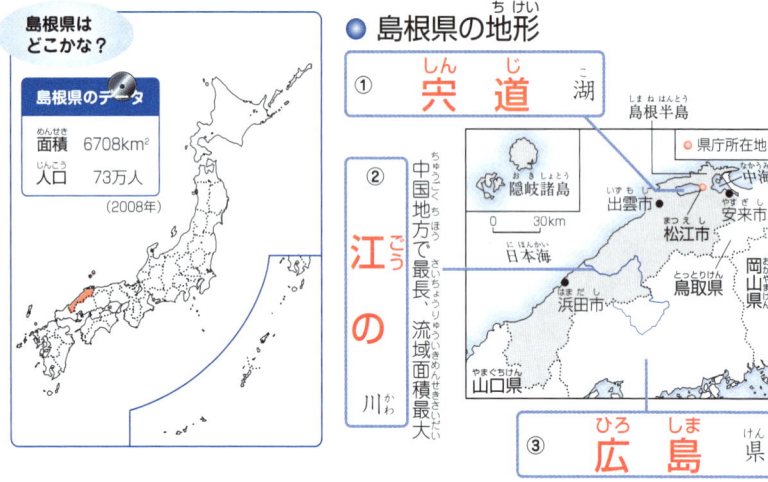

● 島根県の地形

① **宍道**湖

② **江の**川
中国地方で最長、流域面積最大

③ **広島**県

島根県はどこかな？

島根県のデータ
面積　6708km²
人口　73万人
(2008年)

● 島根県の漁業・工業・歴史

多くの伝説や神話が残る
① **出雲**地方

② **しじみ**の水あげ
宍道湖での

県内一の水あげ量
あじ・さば・かに

たたら製鉄で知られる
③ **鉄鋼**業

かいせつ　隠岐, 出雲, 石見

昔の島根県は、隠岐、出雲、石見の3つの国からなっていました。げんざいも昔の名まえが地名などに残っています。
・**隠岐**…隠岐諸島・隠岐の島町。
・**出雲**…出雲市・出雲平野・出雲大社・奥出雲町・東出雲町。
・**石見**…石見銀山（世界文化遺産）・石見高原。
出雲は県東部、石見は県西部をさします。

知ってる？ 島根県の**しじみ**の生産は全国一で、全国の約半分をしめる（2005年）。

20 鳥取県を知ろう

県庁所在地は？ 鳥取市

鳥取県はどこかな？

鳥取県のデータ
面積 3507km²
人口 60万人
(2008年)

● 鳥取県の地形

天然記念物に指定
① 鳥取砂丘
② 大山 — 中国地方でいちばん高い山
③ 岡山県

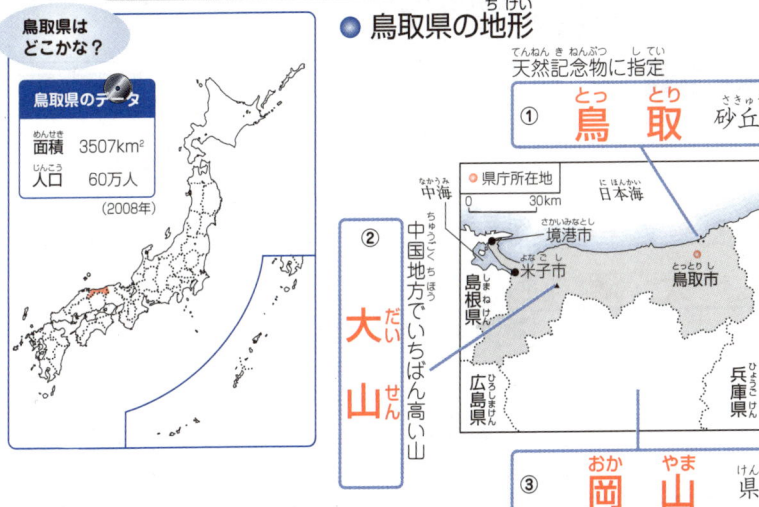

● 鳥取県の農業・漁業・商工業

全国有数のくだもの
① 日本なし の栽培
② らっきょう の栽培 — 鳥取砂丘でのながいもやすいか

*「境港」は漁港名で,「境港市」は市の名まえ

境港＊
米子市
鳥取市

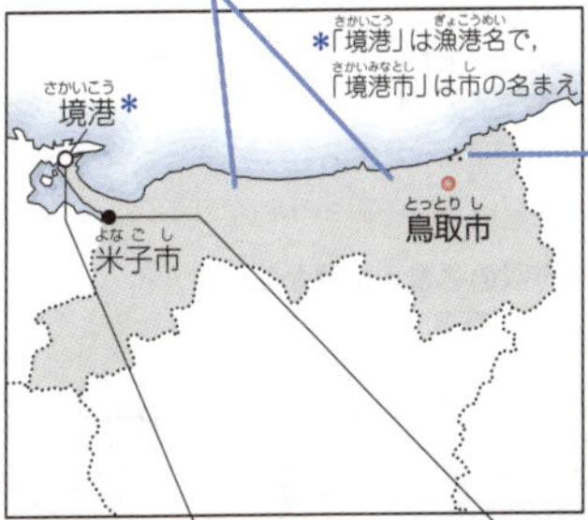

全国有数の水あげ量
いわし・いか・さば・かに

「山陰の大阪」とよばれる商工業都市

クイズ
鳥取県の日本なしの名まえは, どれでしょう。
① 十九世紀なし
② 二十世紀なし
③ 二十一世紀なし

おさらい
◆ 中国・四国地方の県の名まえです。○に共通する漢字は何かな。
・広○県
・徳○県
・○根県
→ **島**

◆ 中国・四国地方の県庁所在地の名まえです。○に共通する漢字は何かな。
・○山市（愛媛県）
・○江市（島根県）
・高○市（香川県）
→ **松**

知ってる? 鳥取県の人口は, 全国でいちばん少ない。二番めに少ないのは島根県(2008年)。

クイズの答え ②

21 近畿地方の府県を覚えよう

● 近畿地方の府県と府県庁所在地

兵庫県
(家島諸島や淡路島も兵庫県です)

京都府

① **滋賀**県
大津市

② **大阪**府
大阪市

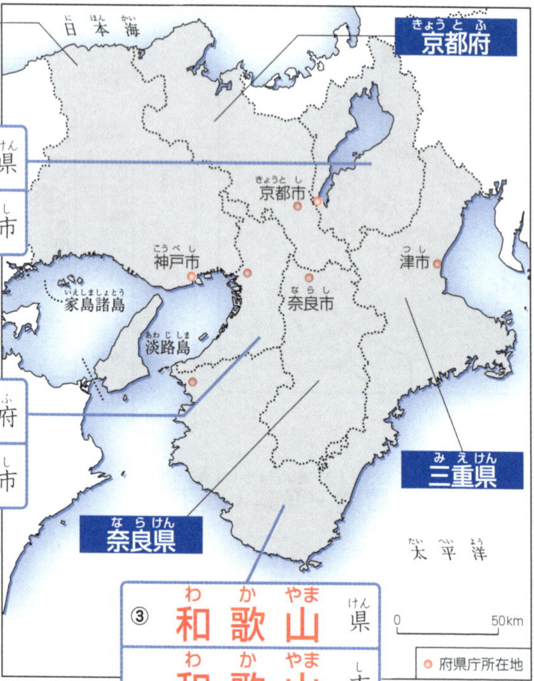

奈良県

三重県

③ **和歌山**県
和歌山市

日本海
京都市
神戸市
家島諸島
淡路島
奈良市
津市
太平洋

府県庁所在地

かいせつ 近畿・関西・京阪神

3つは、ほぼ同じ意味で使われます。
- **近畿**…都に近い国々という意味。
- **関西**…東京方面を「関東」というのに対するよび名。
- **京阪神**…京都、大阪、神戸から一字ずつとったよび名。

✎ おさらい

◆ つぎの ▨ でしめした府県の名まえは何かな。

① **京都府**
② **三重県**

 **知ってる？** 滋賀県や奈良県のように、海のない(海に面していない)県を**内陸にある県**という。

22 和歌山県を知ろう

県庁所在地は？ **和歌山**市

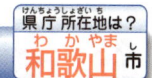

和歌山県はどこかな？

和歌山県のデータ
面積 4726km²
人口 101万人
(2008年)

● 和歌山県の地形

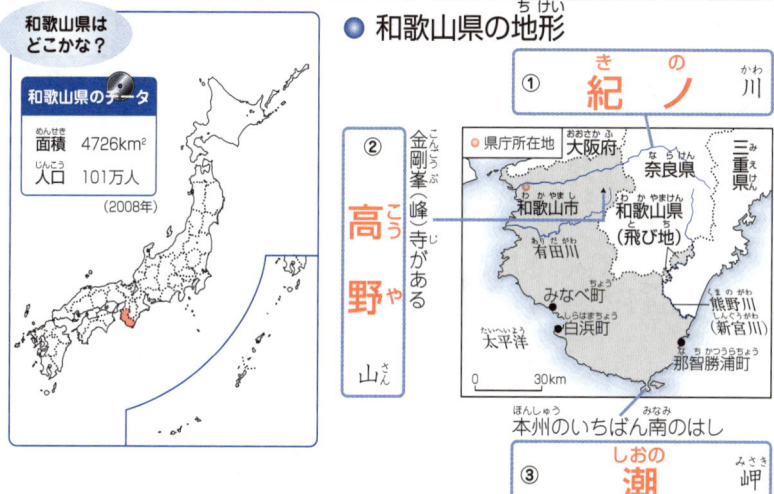

① 紀ノ川
② 高野山（金剛峯(峰)寺がある）
③ しおの岬（本州のいちばん南のはし）

● 和歌山県の農業・漁業・工業・観光

① みかん・はっさく・かきの生産（紀ノ川，有田川流域）
② うめの生産（うめぼしの原料）
③ まぐろや かつおの水あげ

沿岸部に重化学工業地域

かいせつ 飛び地
和歌山県の一部が奈良県の中にあり，和歌山県のどの市町村とも接していない地域があります。このように，ほかの都道府県にかこまれている地域を，飛び地といいます。

和歌山県のランキング
● はっさくの生産 (2006年) 1位
● うめの生産 (2007年) 1位
● スターチスの生産 (2007年) 1位
● かきの生産 (2007年) 1位
● みかんの生産 (2007年) 1位

知ってる？ 和歌山県は昔の紀伊の国。森林が多いことから「木の国」とよばれた。

23 奈良県を知ろう

県庁所在地は？
奈良市

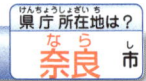

● 奈良県の地形

奈良県はどこかな？

奈良県のデータ
面積 3691km²
人口 140万人
(2008年)

おもな都市がある ① **奈良**盆地

② **紀ノ**川 … 吉野川の下流は

③ **和歌山**県

● 奈良県の農業・漁業・林業・工業

① **金魚** … こいのようしょく

奈良盆地でのいちご、すいか、かき、茶の栽培

② **くつ下**の生産 … せんい工業が発達

③ **吉野すぎ** は人工林の三大美林

吉野山はさくらの名所としても有名

クイズ 下の写真は、東大寺の大仏です。左のてのひらには、小学生で何人くらいまでのれるでしょう。

① 約5人
② 約10人
③ 約20人

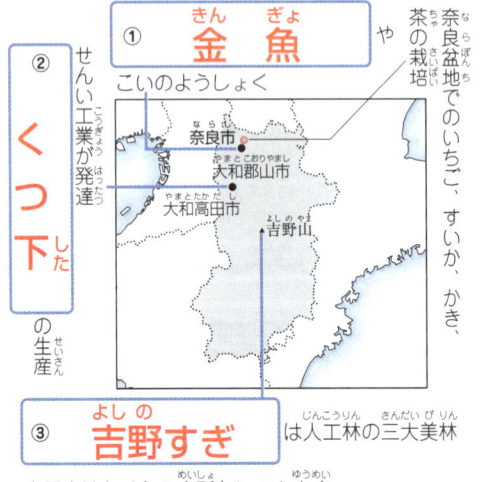

知ってる？ 近畿地方の府県の中で、市町村の村の数がいちばん多いのは奈良県で、12ある（2008年）。

クイズの答え ②

24 兵庫県を知ろう

県庁所在地は？
神戸市

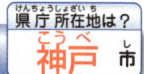

兵庫県はどこかな？

兵庫県のデータ
面積 8396km²
人口 559万人
(2008年)

● 兵庫県の地形

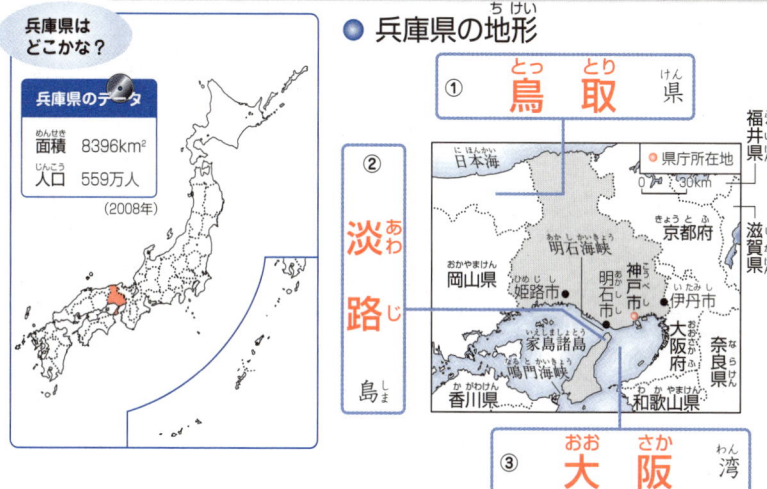

① 鳥取県
② 淡路島
③ 大阪湾

● 兵庫県の農業・工業・交通

県北部の但馬地方でのブロイラーの生産や① 肉牛（但馬牛）の飼育

② 神戸港 国際貿易港 2006年に開港 神戸空港

大阪国際空港

姫路市・明石市・伊丹市

大鳴門橋

鉄鋼業など重化学工業がさかん

③ 明石海峡大橋

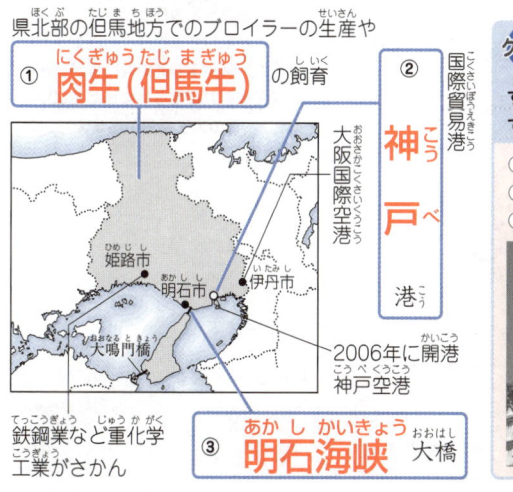

クイズ 下の写真は、世界文化遺産に指定されている姫路城です。姫路城の別の名まえは、どれでしょう。

① 鯉城
② 烏城
③ 白鷺城

知ってる？ 淡路島には、北から淡路市、洲本市、南あわじ市の3つの市がある。

クイズの答え ③（①は広島城、②は岡山城の別の名。）

25 大阪府を知ろう

府庁所在地は？
大阪市

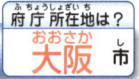

大阪府はどこかな？

大阪府のデータ
面積 1898km²
人口 881万人
(2008年)

● 大阪府の地形

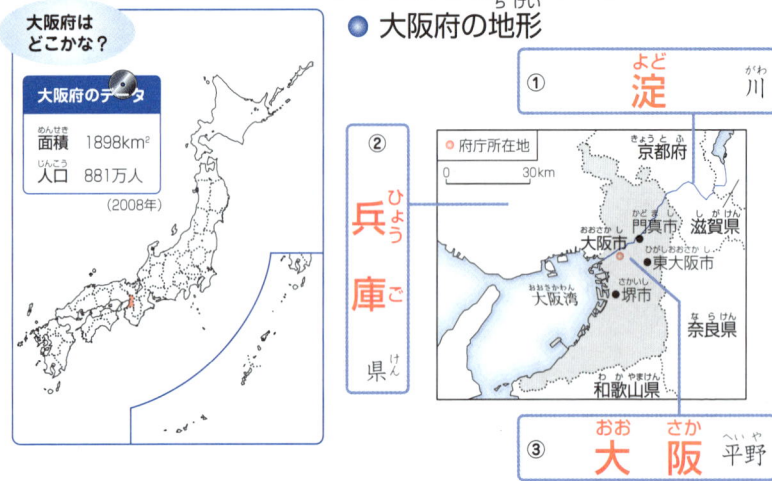

① **淀**川
② **兵庫**県
③ **大阪**平野

● 大阪府の工業・交通・歴史

大阪は江戸時代，商業が発達したことから
① **天下の台所** とよばれた

② **阪神** 工業地帯 が広がる
（大阪市ふきんから神戸市ふきんにかけて）

1994年に開港
③ **関西** 国際空港

家庭用電気製品の大工場がある
中小工場が多い
日本最大の古墳，大山（仁徳陵）古墳

クイズ 鹿児島県の種子島宇宙センターから打ち上げられたロケットには，東大阪宇宙開発協同組合が開発した人工衛星がのせられました（2009年1月）。この人工衛星の名まえは，どれでしょう。

① まいど1号
② 東大阪1号
③ くいだおれ1号

知ってる？ 日本でいちばん低い山が大阪市にある天保山である。その高さは，標高4.5m。

クイズの答え ①

26 京都府を知ろう

府庁所在地は？ **京都**市

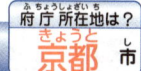

京都府はどこかな？

京都府のデータ
面積 4613km²
人口 263万人
(2008年)

● 京都府の地形

① **丹後**半島
② **大阪**府
③ **京都**盆地

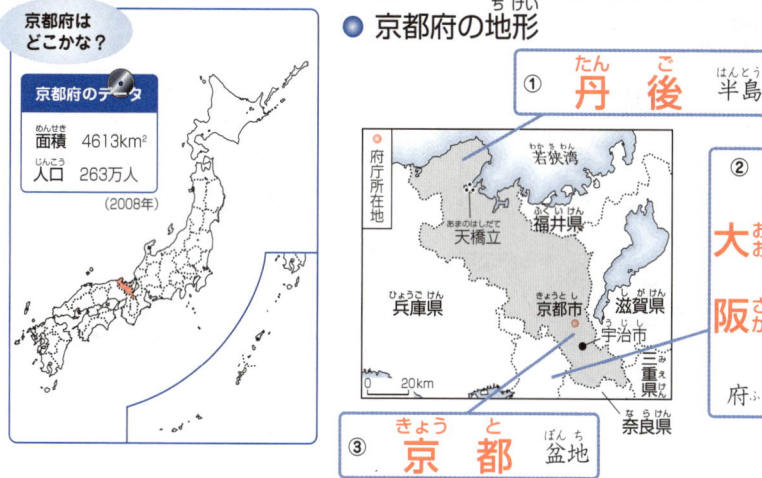

● 京都府の農業・工業・文化・観光

京都市内に多い
① **世界**文化遺産

伝統工芸品の丹後ちりめん（絹織物）

天橋立は日本三景の1つ

丹波高地での肉牛の飼育

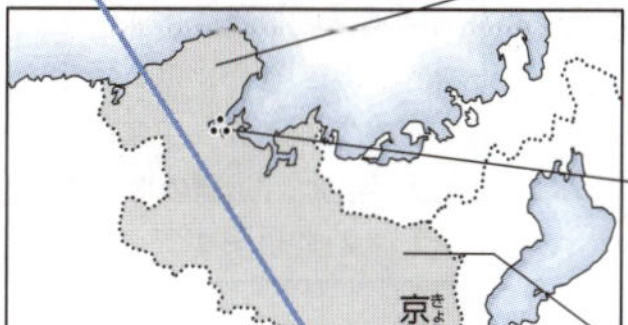

伝統工芸品の京友禅，清水焼，
② **西陣**織などの生産

宇治茶と世界文化遺産の
③ **平等**院で有名

かいせつ 京都の世界文化遺産

1994年，古都京都の文化財（17の神社やお寺など）が世界文化遺産に登録されました。
- 京都市…上賀茂神社，下鴨神社，教王護国寺（東寺），清水寺，醍醐寺，仁和寺，高山寺，西芳寺（苔寺），天龍寺，鹿苑寺（金閣），慈照寺（銀閣），龍安寺，西本願寺，二条城
- 京都府宇治市…平等院，宇治上神社
- 滋賀県大津市…延暦寺

知ってる? 京都市は，794年に平安京がおかれてから1869年まで，日本の都（首都）だった。

27 滋賀県を知ろう

県庁所在地は？
大津市

滋賀県の地形

滋賀県はどこかな？

滋賀県のデータ
面積 4017km²
人口 140万人
(2008年)

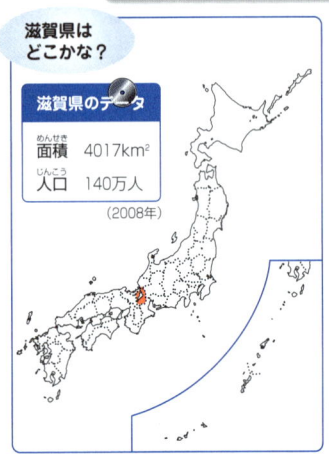

日本最大の湖
① **琵琶**湖

② **京都**府

③ **近江**盆地

滋賀県の農業・工業・観光

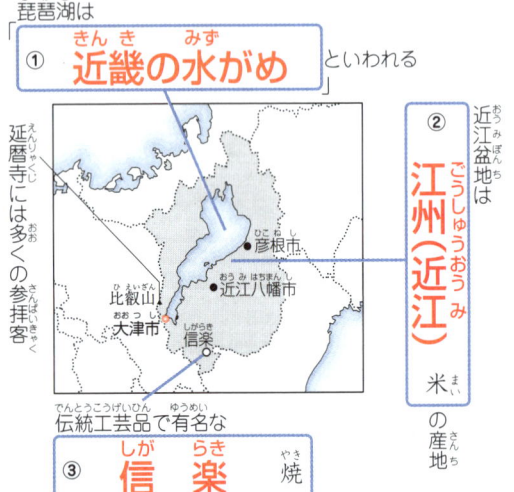

琵琶湖は
① 「**近畿の水がめ**」といわれる

延暦寺には多くの参拝客

② 近江盆地は **江州（近江）** 米の産地

③ 伝統工芸品で有名な **信楽**焼

かいせつ 琵琶湖
琵琶湖の面積は約670km²で兵庫県の淡路島(592km²)より広い。その水は、京阪神の生活・農業・工業用水に利用され、「近畿の水がめ」といわれています。

クイズQ 信楽焼は，ある動物のおきもので有名です。その動物とは，どれでしょう。
① うさぎ
② きつね
③ たぬき

知ってる？ 琵琶湖の面積は約670km²で，滋賀県の面積の約6分の1をしめる。

クイズの答え ③

28 三重県を知ろう

県庁所在地は？
津 市

三重県はどこかな？

三重県のデータ
面積 5777km²
人口 188万人
(2008年)

● 三重県の地形

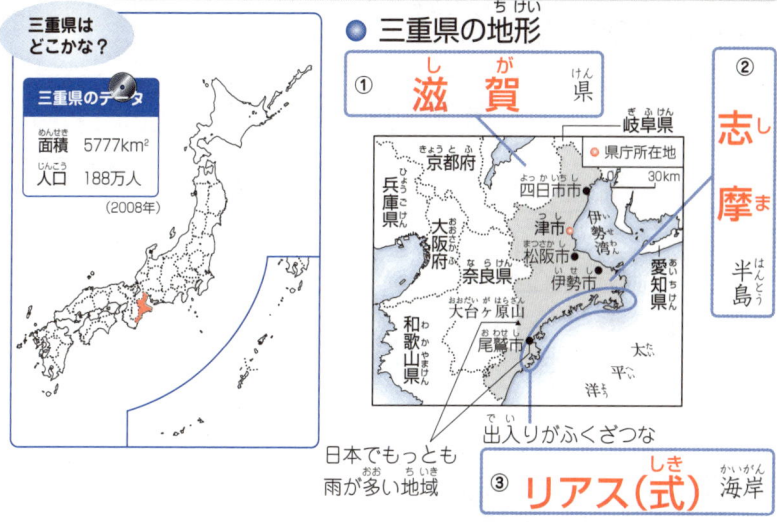

① 滋賀 県
② 志摩 半島
③ リアス(式)海岸（出入りがふくざつな）

日本でもっとも雨が多い地域

● 三重県の漁業・工業・観光

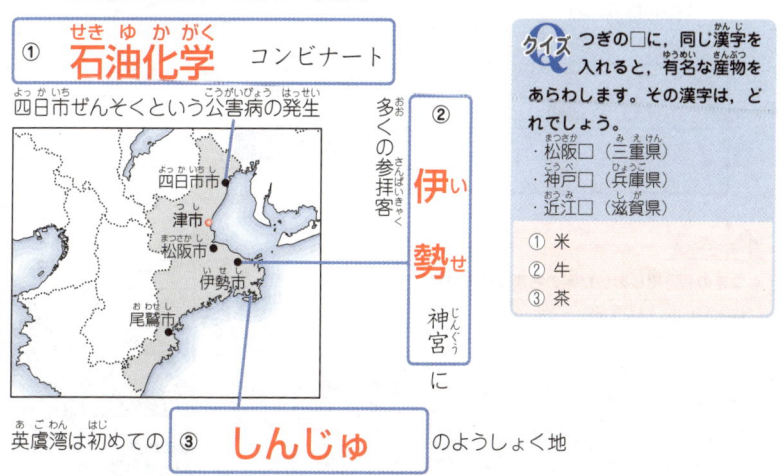

① 石油化学 コンビナート
四日市ぜんそくという公害病の発生
② 伊勢 神宮に多くの参拝客
英虞湾は初めての ③ しんじゅ のようしょく地

クイズ　つぎの□に、同じ漢字を入れると、有名な産物をあらわします。その漢字は、どれでしょう。
・松阪□（三重県）
・神戸□（兵庫県）
・近江□（滋賀県）

① 米
② 牛
③ 茶

知ってる？ 三重県出身の御木本幸吉が、世界で初めてしんじゅのようしょくに成功した。

クイズの答え ②

29 中部地方の県を覚えよう

● 中部地方の県と県庁所在地

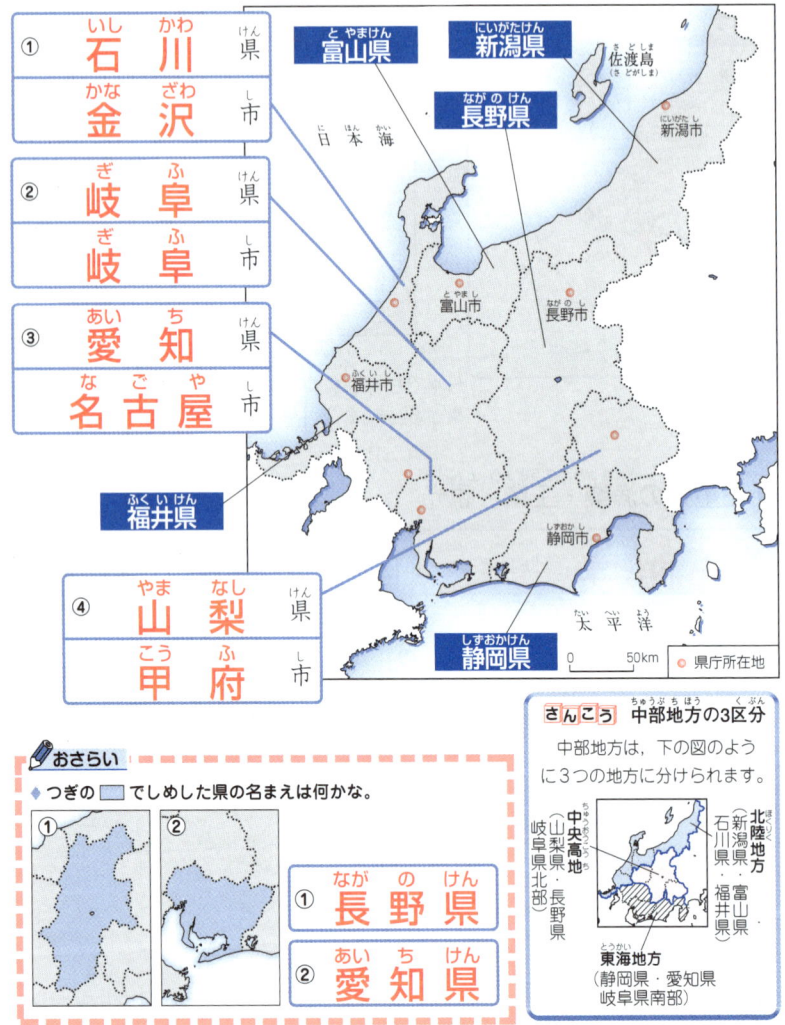

① 石川県 / 金沢市
② 岐阜県 / 岐阜市
③ 愛知県 / 名古屋市
④ 山梨県 / 甲府市

富山県・新潟県・長野県・福井県・静岡県

おさらい

◆ つぎの でしめした県の名まえは何かな。
① 長野県
② 愛知県

さんこう 中部地方の3区分

中部地方は、下の図のように3つの地方に分けられます。

中央高地（山梨県・長野県・岐阜県北部）
北陸地方（新潟県・石川県・富山県・福井県）
東海地方（静岡県・愛知県・岐阜県南部）

知ってる? 愛知県から三重県に広がる中京工業地帯の工業出荷額は、工業地帯の中で全国一。

30 愛知県を知ろう

県庁所在地は？ **名古屋**市

愛知県はどこかな？

愛知県のデータ
面積 5165km²
人口 740万人
(2008年)

愛知県の地形

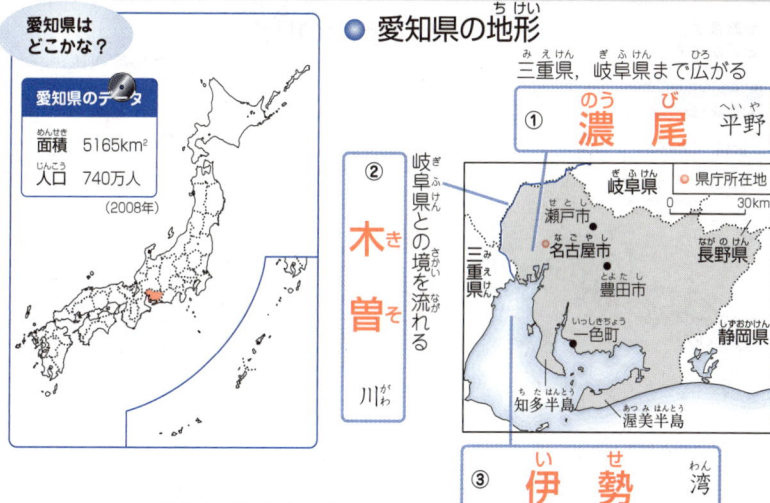

① **濃尾**平野 — 三重県, 岐阜県まで広がる
② **木曽**川 — 岐阜県との境を流れる
③ **伊勢**湾

愛知県の農業・漁業・工業・交通

① **焼き物** で有名
③ **自動車** の生産
② **中部**国際空港 — 2005年に開港
うなぎのようしょく
渥美半島でのきく・キャベツ・メロンの栽培

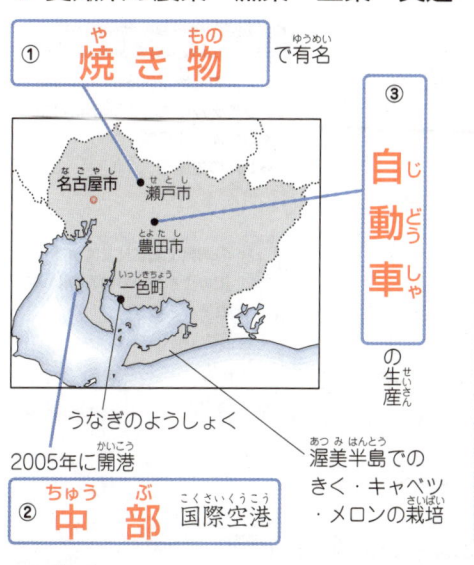

愛知県のランキング

- 自動車の生産(2006年) 1位
- 焼き物の生産(2006年) 1位
- 鉄鋼の生産(2006年) 1位
- せんい品の生産(2006年) 1位
- 工業出荷額(2006年) 1位

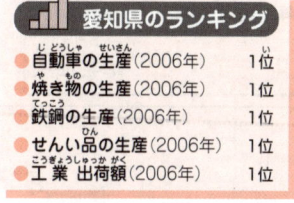

きょうど料理はなに？

▲ ひつまぶし

ごはんの上にうなぎをのせたもの。「ひつまむし」ともいう。

知ってる？ 名古屋城の天守閣は, 金のシャチホコ(顔が虎ににた想像上の魚)で有名。

31 静岡県を知ろう

県庁所在地は？ **静岡**市

● 静岡県の地形

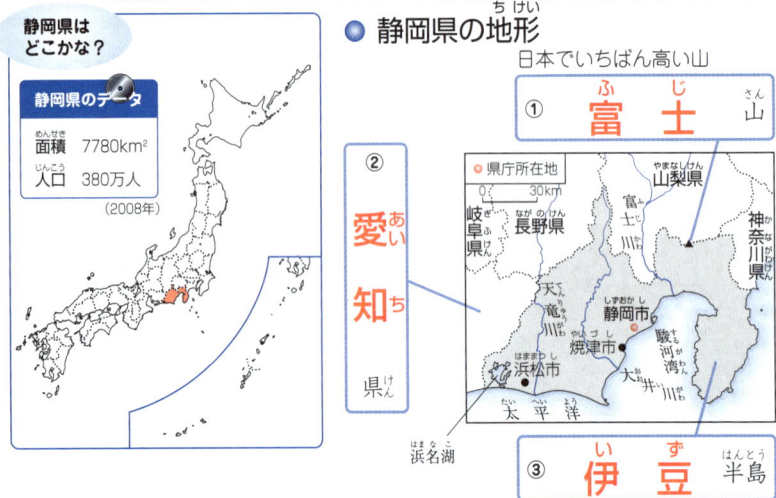

- 静岡県はどこかな？
- 静岡県のデータ
  - 面積 7780km²
  - 人口 380万人
  - (2008年)

① 日本でいちばん高い山 **富士**山
② **愛知**県
③ **伊豆**半島

● 静岡県の農業・漁業・工業

① 静岡県沿岸部に広がる **東海**工業地域
② 浜名湖で **うなぎ** のようしょく
③ 牧ノ原などで **茶** の栽培

楽器やオートバイの生産
かつお・まぐろの水あげ

静岡県のランキング
- ピアノの生産 (2006年) 1位
- プラモデルの生産 (2006年) 1位
- 茶の生産 (2008年) 1位
- みかんの生産 (2007年) 3位

クイズ
静岡県で海にそそぐ大きな川のうち、いちばん長いのは、どれでしょう。
① 富士川
② 大井川
③ 天竜川

知ってる? 日本でつくられるピアノのほとんどは、浜松市での生産。

クイズの答え ③(富士川128km、大井川168km、天竜川213km)

32 岐阜県を知ろう

県庁所在地は？
岐阜市

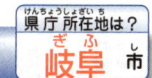

岐阜県はどこかな？

岐阜県のデータ
面積 10621km²
人口 210万人
(2008年)

● 岐阜県の地形

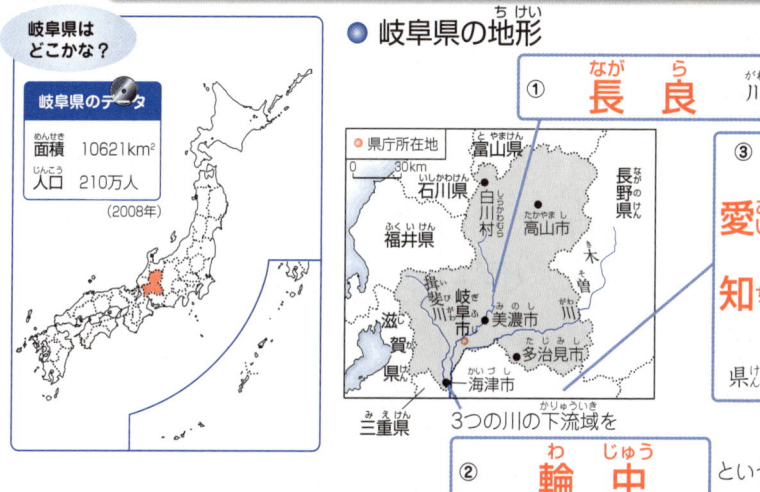

① 長良川
③ 愛知県
② 3つの川の下流域を 輪中 という

● 岐阜県の農業・世界文化遺産・伝統工芸品

白川郷の世界文化遺産
① 合掌造り

飛騨地方での肉牛（飛騨牛）の飼育

② 伝統工芸品 美濃和紙

③ 伝統工芸品 美濃焼

伝統工芸品 飛騨春慶塗（漆器）

かいせつ 輪中
木曽・長良・揖斐川の下流地域は、川より低いところに集落や田畑があるため、しばしば水害になやまされてきました。そこで、水害にそなえて、集落や田畑をていぼうでかこみました。このような地域を輪中といいます。

クイズ 長良川でアユをとる伝統漁法は、どれでしょう。
① 鵜飼い
② えり漁
③ 火ぶり漁

知ってる？ 高山市の面積は2178km²で、全国の市町村の中でいちばん広い（2008年）。

クイズの答え ①（水鳥の鵜を飼いならしてアユをとる。1300年の歴史がある。）

33 長野県を知ろう

県庁所在地は？ **長野**市

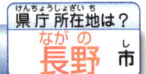

● 長野県の地形

① 岐阜県
② 諏訪湖
③ 野辺山原

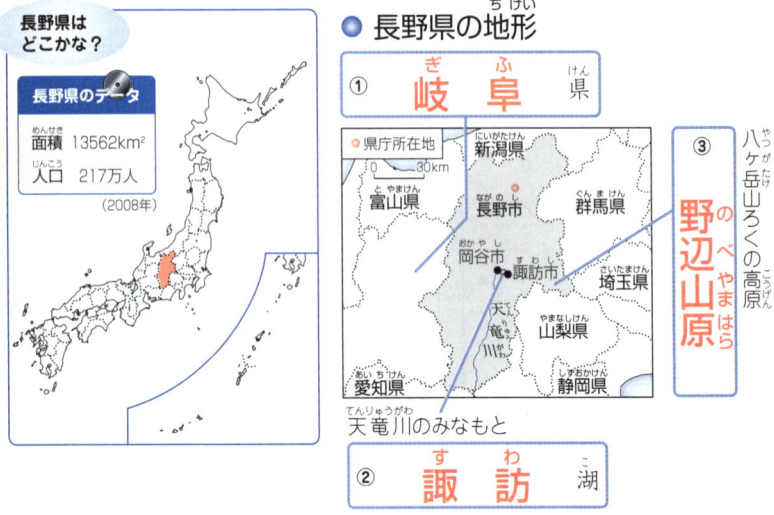

・八ヶ岳山ろくの高原
・天竜川のみなもと

● 長野県の農業・工業

長野盆地での
① りんご　やぶどうの栽培
③ 高原やさい　キャベツ・はくさい・レタスなどの栽培
② 精密機械　製糸業から時計やカメラなどの　や電子機器の生産

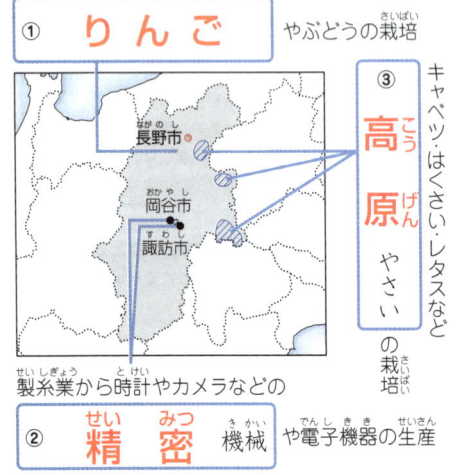

かいせつ 高原やさい

山ろくや高原で、夏のすずしい気候を利用して、キャベツ・はくさい・レタスなどの冬やさいを春から夏にかけて栽培し出荷します。このようなやさいを高原やさいといいます。他産地から出荷が少ないので、高く売れる利点があります。

長野県のランキング

● けんび鏡の生産 (2006年)	1位
● ギターの生産 (2006年)	1位
● セロリの生産 (2006年)	1位
● レタスの生産 (2007年)	1位
● りんごの生産 (2007年)	2位

知ってる？ 長野県は内陸にある県で、もっとも多くの県(8県)ととなり合っている。

長野県のデータ
面積 13562km²
人口 217万人
(2008年)

34 山梨県を知ろう

県庁所在地は？ 甲府市

山梨県はどこかな？

山梨県のデータ
- 面積　4465km²
- 人口　87万人
（2008年）

● 山梨県の地形

① 長野県
③ 富士山（日本でいちばん高い山）

本栖湖・精進湖・西湖・河口湖・山中湖を
② 富士五湖　という

● 山梨県の農業・工業

① 高原やさいの栽培
③ ぶどうを原料としたワインの生産
② 甲府盆地でのぶどうやももの栽培

全国一のハンコの町

山梨県の生産量はともに全国一

さんこう　武田信玄

武田信玄（1521〜73年）は，甲斐の国（今の山梨県）をおさめていた戦国時代の武将で，治水工事や新田開発，金山開発などをおこないました。今でも県民にしたわれています。

クイズ 山梨県には，全国でもめずらしい，カタカナを使った市の名まえがあります。どれでしょう。

① 北アルプス市
② 中央アルプス市
③ 南アルプス市

知ってる？ 甲府盆地でくだものの栽培がさかんなのは，長い日照時間や水はけのよい扇状地による。

クイズの答え ③（県の西部を南アルプスともいわれる赤石山脈が走っている。）

35 福井県を知ろう

県庁所在地は？　**福井**市

福井県はどこかな？

福井県のデータ
面積　4190km²
人口　81万人
(2008年)

● 福井県の地形

きりたった海岸
① **東尋坊**

② **リアス(式)** 海岸
出入りがふくざつな

③ **岐阜**県

● 福井県の工業・発電・観光

① **めがね**　わくの生産，全国一

永平寺　参拝客や観光客を集める

② **原子力**発電所
若狭湾沿岸にたちならぶ

③ **絹**織物
伝統工芸品，羽二重などの

さんこう　ズワイガニのよび名
北陸地方から中国地方の日本海では，冬にズワイガニ漁がおこなわれます。ズワイガニは，大形の食用ガニで，味がよく，高値でとりひきされます。福井産のズワイガニは「越前ガニ」とよばれます。越前とは，福井県の昔の国の名まえです。鳥取産や島根産のズワイガニは「松葉ガニ」とよばれます。

知ってる? 若狭湾沿岸には原子力発電所が多くあり，このあたりを「原発銀座」という。

36 石川県を知ろう

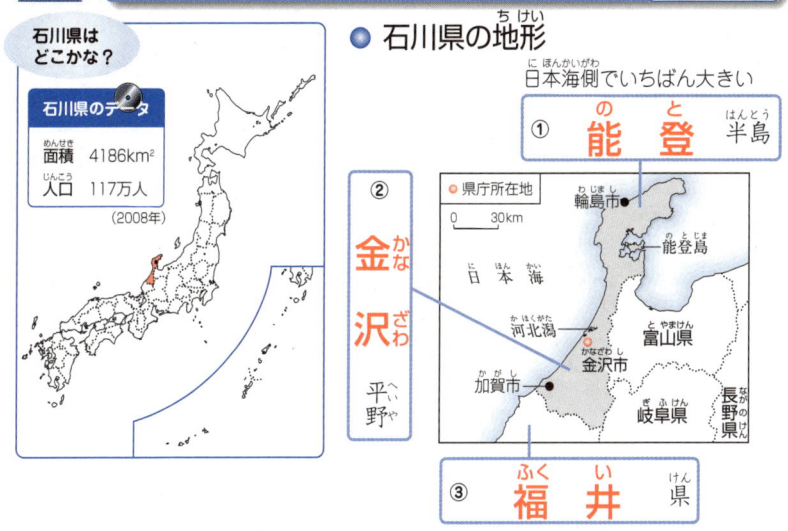

県庁所在地は？ **金沢**市

石川県はどこかな？

石川県のデータ
面積 4186km²
人口 117万人
(2008年)

● 石川県の地形

日本海側でいちばん大きい
① **能登**半島

② **金沢**平野

③ **福井**県

● 石川県の工業・観光

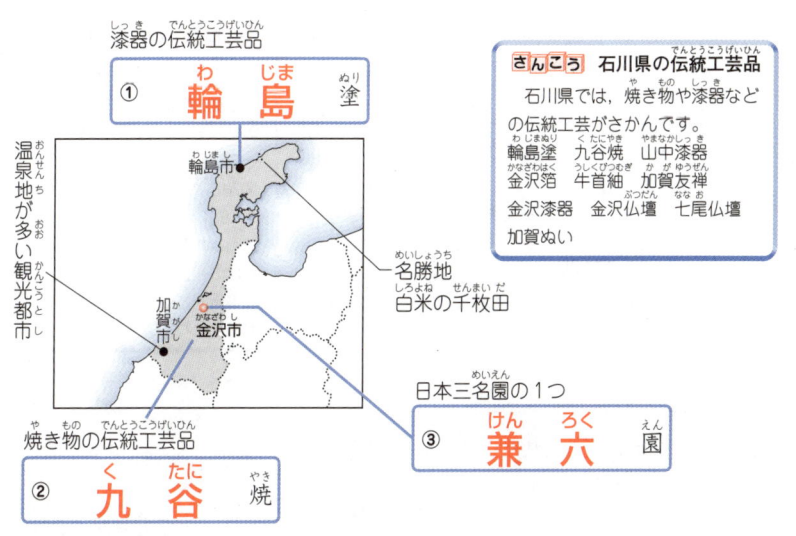

漆器の伝統工芸品
① **輪島**塗

温泉地が多い観光都市
加賀市

名勝地
白米の千枚田

焼き物の伝統工芸品
② **九谷**焼

日本三名園の1つ
③ **兼六**園

さんこう 石川県の伝統工芸品
石川県では、焼き物や漆器などの伝統工芸がさかんです。
輪島塗　九谷焼　山中漆器
金沢箔　牛首紬　加賀友禅
金沢漆器　金沢仏壇　七尾仏壇
加賀ぬい

知ってる？ 金沢市は、北陸地方の政治・経済・文化の中心都市である。

37 富山県を知ろう

県庁所在地は？ **富山**市

富山県はどこかな？

富山県のデータ
- 面積 4248km²
- 人口 110万人
(2008年)

● 富山県の地形

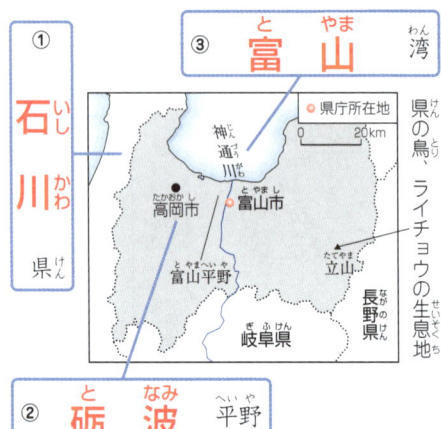

① **石川**県
② **砺波**平野
③ **富山**湾

県の鳥、ライチョウの生息地

● 富山県の農業・工業・世界文化遺産

砺波・富山平野での ① **チューリップ** の球根の栽培

アルミニウム、銅器の生産

製薬業

五箇山、白川郷の世界文化遺産
② **合掌**造り

③ 下流域で公害病の発生 **イタイイタイ**病という

さんこう 「富山の薬売り」

江戸時代にはじまったとされる富山の薬売りは、独特な販売方法で知られています。そのしくみは、行商人が各家庭に常備薬として薬の一式をわたし、半年から1年後に訪問したとき、使われたぶんだけの代金を受け取ります。この販売方法は、げんざいもおこなわれています。

知ってる？ 富山県の耕地にしめる水田のわりあいは約96パーセントで、全国一高い（2007年）。

38 新潟県を知ろう

県庁所在地は？ 新潟市

新潟県はどこかな？

新潟県のデータ
面積 12583km²
人口 239万人
（2008年）

● 新潟県の地形

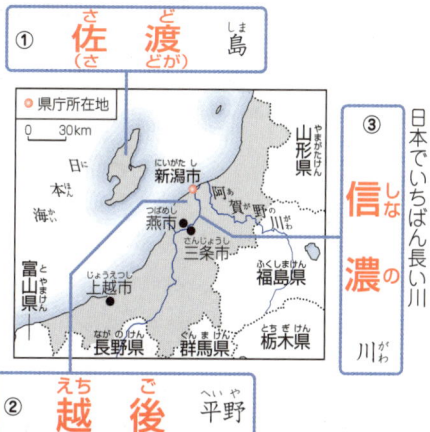

① 佐渡(さど)島

② 越後(えちご)平野

③ 信濃(しなの)川 — 日本でいちばん長い川

● 新潟県の農業・工業・環境・歴史

新潟県の鳥
① トキ の保護センター

② 洋食(ようしょく)器の生産 — ナイフやフォークなど

佐渡金山あと

下流域で新潟水俣病という公害病が発生

刃物の生産

越後平野や高田平野は ③ 米 の大生産地

さんこう　耕地面積と作付面積
・耕地面積…作物をつくることができる土地の面積のこと。
・作付面積…じっさいに作物を植えつけた面積のこと。

クイズ 新潟県のブランド米(銘柄米)として有名な米の品種は、どれでしょう。
① ひとめぼれ
② コシヒカリ
③ ヒノヒカリ

知ってる？ 新潟県の米の作付面積は全国一，米の生産量は北海道についで2位（2008年）。

クイズの答え ②

●41●

39 関東地方の都県を覚えよう

● 関東地方の都県と都県庁所在地

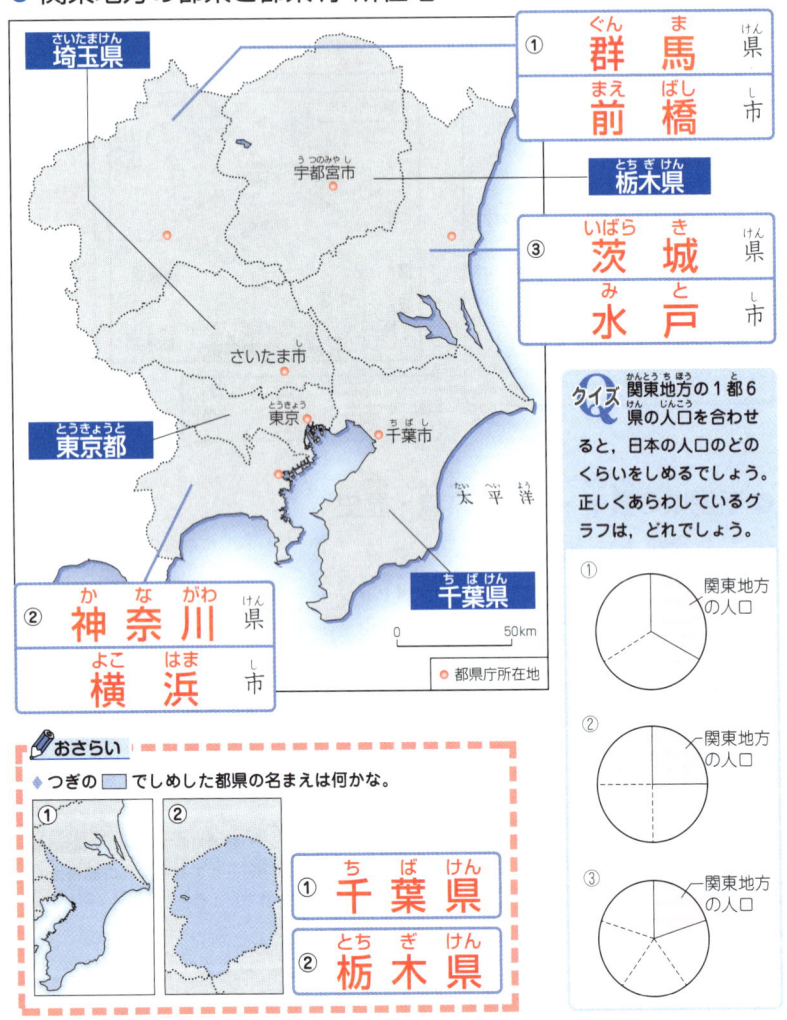

埼玉県

① 群馬県
前橋市

宇都宮市

栃木県

③ 茨城県
水戸市

さいたま市

東京都
東京

千葉市

太平洋

② 神奈川県
横浜市

千葉県

0 50km

● 都県庁所在地

クイズ 関東地方の1都6県の人口を合わせると，日本の人口のどのくらいをしめるでしょう。正しくあらわしているグラフは，どれでしょう。

① 関東地方の人口
② 関東地方の人口
③ 関東地方の人口

おさらい

◆ つぎの　　でしめした都県の名まえは何かな。

① 千葉県
② 栃木県

知ってる？ 関東地方には，日本最大の関東平野がひらけ，火山灰土（**関東ローム**）の台地が広がる。

クイズの答え ①（約3分の1，約33パーセント〈％〉をしめる。）

40 神奈川県を知ろう

県庁所在地は？
横浜市

神奈川県はどこかな？

神奈川県のデータ
面積 2416km²
人口 892万人
(2008年)

● 神奈川県の地形

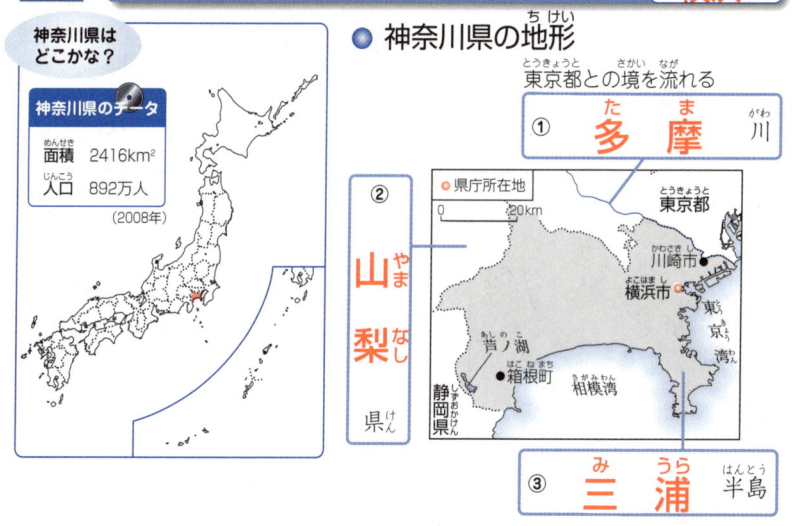

① 東京都との境を流れる **多摩**川

② **山梨**県

③ **三浦**半島

● 神奈川県の農業・工業・貿易・観光

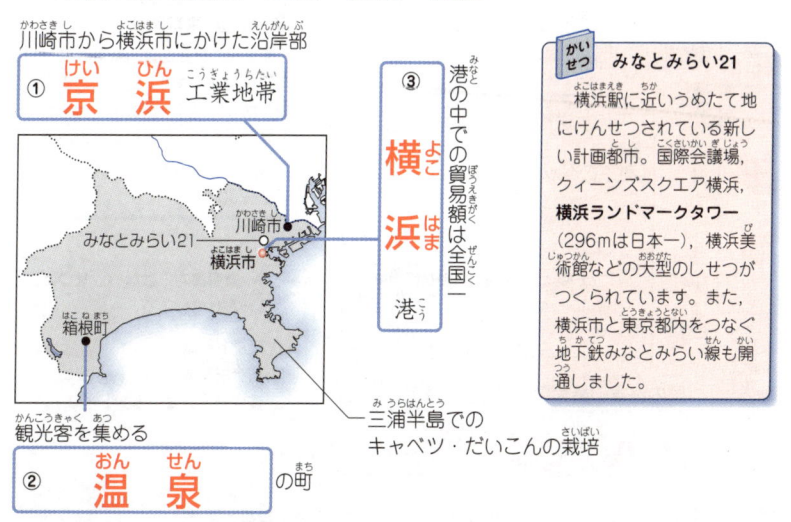

① 川崎市から横浜市にかけた沿岸部 **京浜**工業地帯

③ 港の中での貿易額は全国一 **横浜**港

② 観光客を集める **温泉**の町

三浦半島でのキャベツ・だいこんの栽培

かいせつ みなとみらい21
横浜駅に近いうめたて地にけんせつされている新しい計画都市。国際会議場、クィーンズスクエア横浜、**横浜ランドマークタワー**（296mは日本一）、横浜美術館などの大型のしせつがつくられています。また、横浜市と東京都内をつなぐ地下鉄みなとみらい線も開通しました。

知ってる? 横浜市の人口は約359万人で、東京23区につぐが、市の人口としては全国一。

41 東京都を知ろう

都庁所在地は？ 東京(新宿区)

東京都はどこかな？

東京都のデータ
面積 2188km²
人口 1284万人
(2008年)

● 東京都の地形

西部の山地をのぞき、大部分は ① **関東** 平野 が広がる

② **神奈川** 県

③ **東京** 湾

● 東京都の工業・交通・再開発

沿岸部の再開発 ② **お台**場

に放送局や国際展示場
多摩ニュータウン「東京のベッドタウン」

東京都は ① **印刷** ・出版業がさかん

川崎市、横浜市につづく京浜工業地帯

国内路線の最大の空港
③ **東京国際(羽田)** 空港

さんこう　東京23区
東京都の東部には、新宿区などの区が23あります。区役所の責任者である区長は、他の市町村の長と同じように、住民の選挙で選ばれます。23区の人口は約841万人です(2008年)。

クイズ　東京都内にはないしせつは、どれでしょう。
① 東京ドーム
② 国会議事堂
③ 東京ディズニーランド

知ってる？ 城下町江戸は、1869年に東京と改められ、日本の首都となった。

クイズの答え ③ (③は、千葉県浦安市にある。)

42 千葉県を知ろう

県庁所在地は？ 千葉市

千葉県はどこかな？

千葉県のデータ
- 面積 5157km²
- 人口 612万人
（2008年）

● 千葉県の地形

① 東京湾
② 九十九里浜 ― 代表的な砂浜海岸
③ 房総半島

● 千葉県の農業・漁業・工業・交通・観光

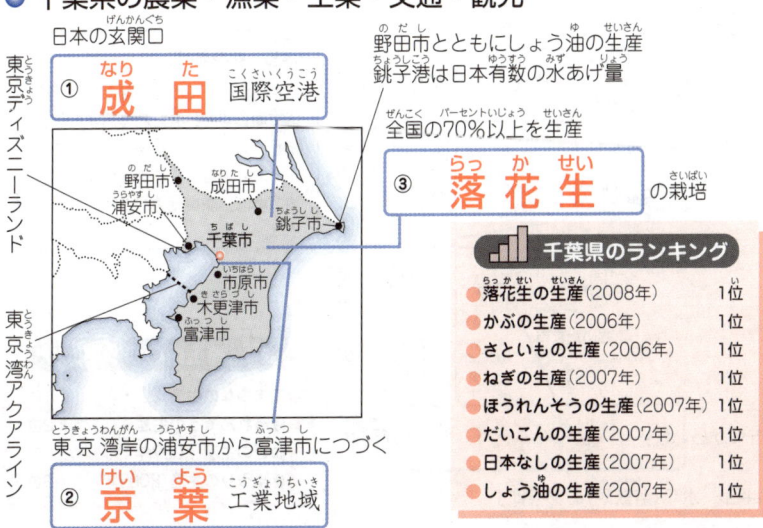

① 成田国際空港 ― 日本の玄関口

野田市とともにしょう油の生産
銚子港は日本有数の水あげ量

③ 落花生の栽培 ― 全国の70％以上を生産

東京ディズニーランド

東京湾アクアライン ― 東京湾岸の浦安市から富津市につづく

② 京葉工業地域

千葉県のランキング
- 落花生の生産（2008年） 1位
- かぶの生産（2006年） 1位
- さといもの生産（2006年） 1位
- ねぎの生産（2007年） 1位
- ほうれんそうの生産（2007年） 1位
- だいこんの生産（2007年） 1位
- 日本なしの生産（2007年） 1位
- しょう油の生産（2007年） 1位

知ってる？ 千葉県の農業産出額は、北海道・鹿児島県についで第3位、やさいの産出額は北海道についで第2位（2006年）。

― 45 ―

43 埼玉県を知ろう

県庁所在地は？ さいたま市

埼玉県はどこかな？

埼玉県のデータ
- 面積 3797km²
- 人口 711万人
(2008年)

● 埼玉県の地形

日本一の流域面積の川

① 関東(かんとう)平野 — 西部の山地をのぞくと平野が広がる

② 利根川

③ 荒川 — 東京湾にそそぐ

● 埼玉県の農業・工業

大都市にやさいなどを出荷する

① 近郊(きんこう)農業 がさかん

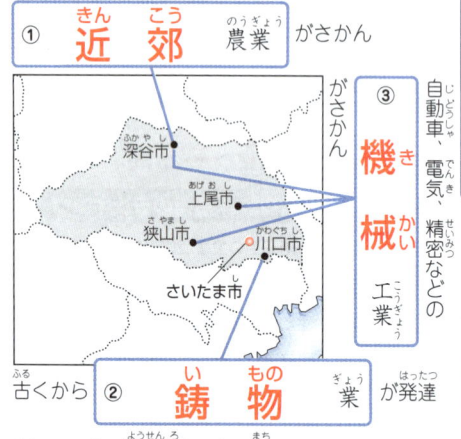

③ 機械(きかい)工業 — 自動車、電気、精密などの がさかん

② 鋳物(いもの)業 — 古くから が発達
「キューポラ(溶銑炉)のある町」

かいせつ 近郊農業

大都市むけにやさいなどをつくる都市周辺でおこなわれる農業のこと。新せんな作物を早く送ることができるので、消費者にこのまれます。近郊農業は、関東地方でとくにさかんです。

埼玉県のランキング

- こまつなの生産(2006年)　　1位
- ほうれんそうの生産(2007年)　2位
- ねぎの生産(2007年)　　　　　2位
- きゅうりの生産(2007年)　　　3位

知ってる？ 埼玉県には市の数が40あり、日本一多い。面積のせまい市が多く、蕨市の面積は約5km²で、全国一せまい(2009年)。

44 群馬県を知ろう

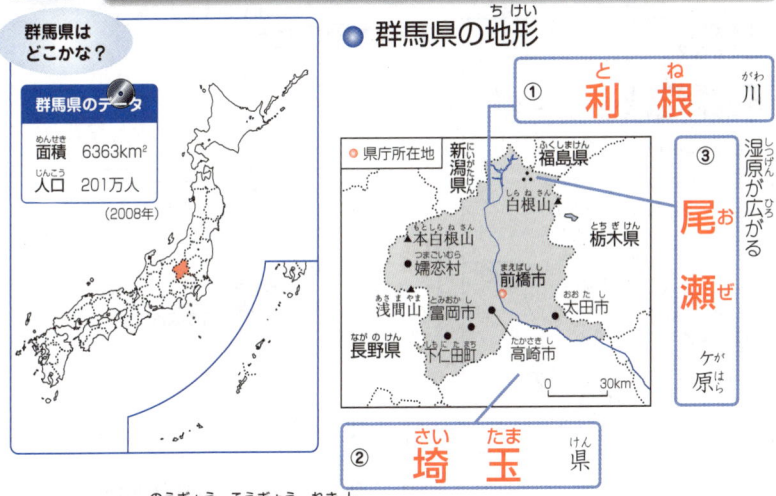

県庁所在地は？ **前橋**市

群馬県はどこかな？

群馬県のデータ
面積 6363km²
人口 201万人
(2008年)

● 群馬県の地形

① **利根**川
② **埼玉**県
③ **尾瀬**　湿原が広がる　ヶ原

地図内地名：新潟県、福島県、白根山、本白根山、嬬恋村、栃木県、浅間山、富岡市、前橋市、太田市、長野県、下仁田町、高崎市

● 群馬県の農業・工業・歴史

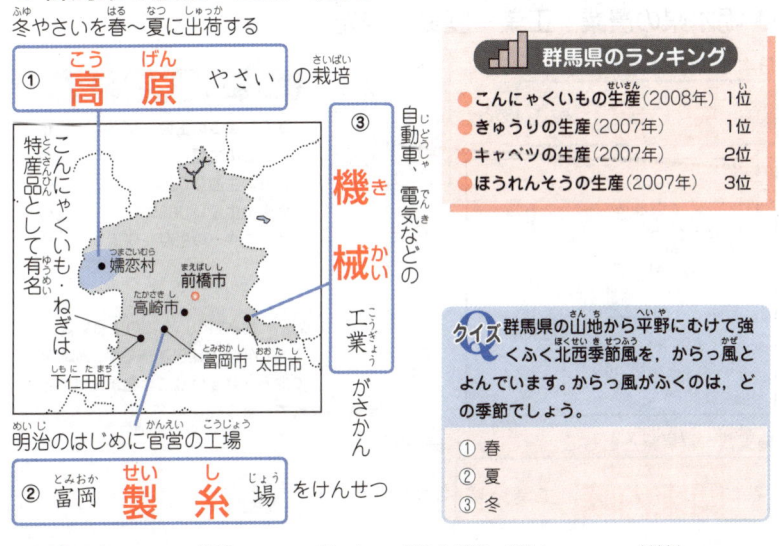

冬やさいを春〜夏に出荷する
① **高原**やさいの栽培

こんにゃくいも・ねぎは特産品として有名

③ 自動車、電気などの**機械**工業がさかん

明治のはじめに官営の工場
② 富岡**製糸場**をけんせつ

地図内地名：嬬恋村、前橋市、高崎市、富岡市、太田市、下仁田町

群馬県のランキング
- こんにゃくいもの生産(2008年) 1位
- きゅうりの生産(2007年) 1位
- キャベツの生産(2007年) 2位
- ほうれんそうの生産(2007年) 3位

クイズ 群馬県の山地から平野にむけて強くふく北西季節風を、からっ風とよんでいます。からっ風がふくのは、どの季節でしょう。
① 春
② 夏
③ 冬

知ってる? 群馬県で人口がいちばん多い市は、県庁所在地の前橋市ではなく、高崎市である。

クイズの答え ③（冬の関東平野にふく、かんそうした冷たい北西風を「からっ風」という。）

45 栃木県を知ろう

県庁所在地は？ 宇都宮市

栃木県はどこかな？

栃木県のデータ
- 面積 6408km²
- 人口 201万人

(2008年)

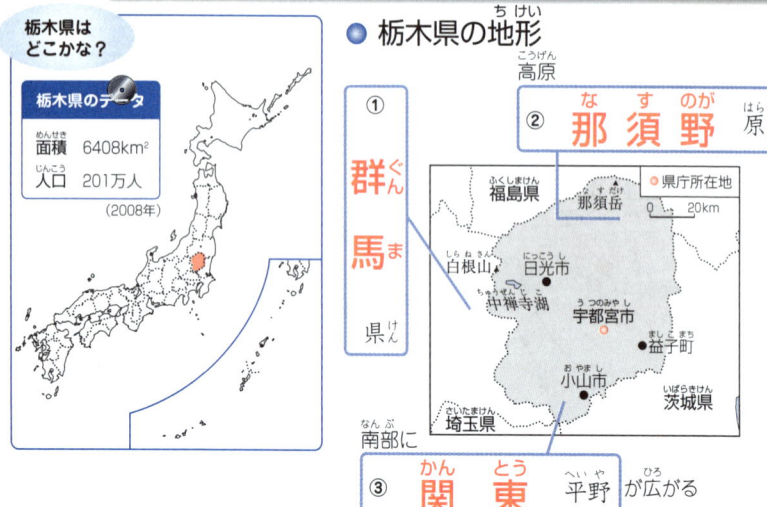

● 栃木県の地形

① 群馬県
② 那須野原 高原
③ 南部に関東平野が広がる

● 栃木県の農業・工業・歴史・観光

日本で最初の公害発生地
① 足尾銅山 あと

世界文化遺産の日光の社寺

③ 那須野原での乳牛の飼育

伝統工芸品 益子焼

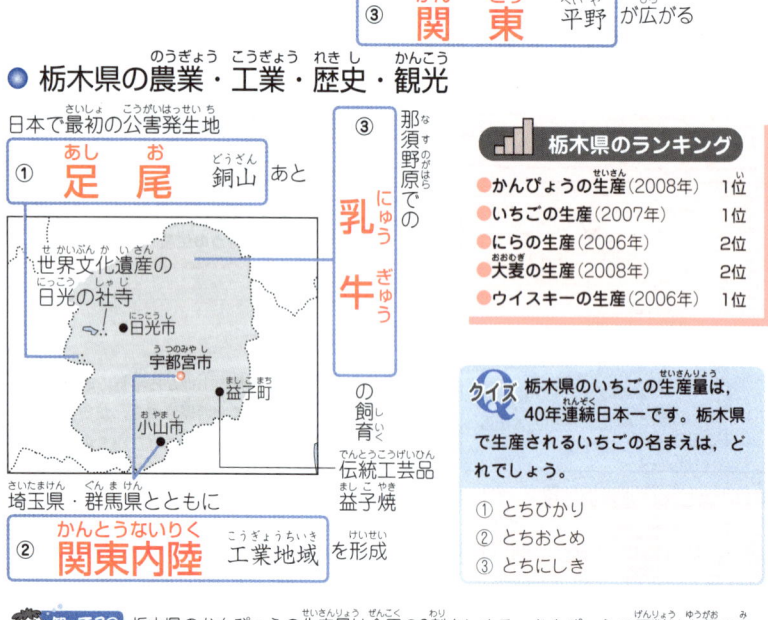

埼玉県・群馬県とともに
② 関東内陸工業地域を形成

栃木県のランキング
- かんぴょうの生産(2008年) 1位
- いちごの生産(2007年) 1位
- にらの生産(2006年) 2位
- 大麦の生産(2008年) 2位
- ウイスキーの生産(2006年) 1位

クイズ 栃木県のいちごの生産量は、40年連続日本一です。栃木県で生産されるいちごの名まえは、どれでしょう。

① とちひかり
② とちおとめ
③ とちにしき

知ってる？ 栃木県のかんぴょうの生産量は全国の9割をしめる。かんぴょうの原料は夕顔の実。

クイズの答え ②

46 茨城県を知ろう

県庁所在地は？ 水戸市

茨城県はどこかな？

茨城県のデータ
- 面積 6096km²
- 人口 296万人
（2008年）

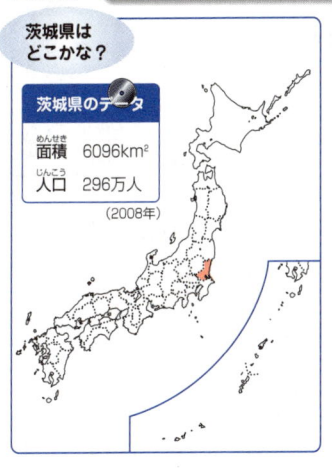

● 茨城県の地形

① 栃木県
② 千葉県との境をつくる 利根川
③ 霞ヶ浦

● 茨城県の農業・工業・文化・発電・観光

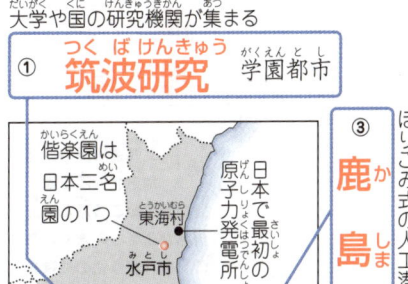

大学や国の研究機関が集まる
① 筑波研究学園都市

偕楽園は日本三名園の1つ

東海村：日本で最初の原子力発電所

③ ほりこみ式の人工港 鹿島臨海工業地域

ピーマンなど大都市むけのやさいづくり
② 近郊農業がさかん

おさらい

◆ 関東地方の都県のうち、面積がいちばん広く、人口がいちばん少ない都県は、どこかな。

栃木県

◆ 関東地方のつぎの県の県庁所在地の名まえは何かな。
① 神奈川県‥ 横浜市
② 埼玉県‥‥ さいたま市
③ 群馬県‥‥ 前橋市
④ 栃木県‥‥ 宇都宮市
⑤ 茨城県‥‥ 水戸市

知ってる？ 霞ヶ浦の面積は琵琶湖について2位。最大水深は12mで、全体に浅いところが多い。

47 東北・北海道地方の道県を覚えよう

● 東北・北海道の道県と道県庁所在地

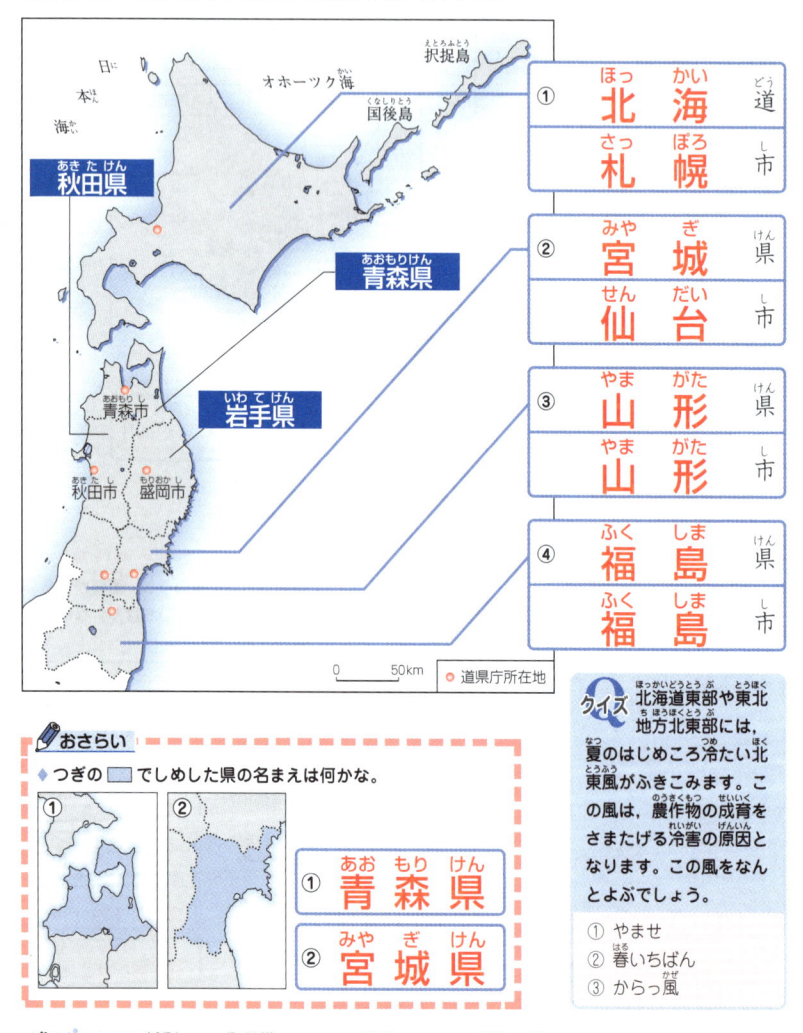

地図中の地名:
- 択捉島
- オホーツク海
- 国後島
- 日本海
- 秋田県
- 青森県
- 岩手県
- 青森市
- 秋田市
- 盛岡市

① 北海道 / 札幌市
② 宮城県 / 仙台市
③ 山形県 / 山形市
④ 福島県 / 福島市

○ 道県庁所在地

クイズ

北海道東部や東北地方北東部には、夏のはじめころ冷たい北東風がふきこみます。この風は、農作物の成育をさまたげる冷害の原因となります。この風をなんとよぶでしょう。

① やませ
② 春いちばん
③ からっ風

📝 おさらい

◆ つぎの ▨ でしめした県の名まえは何かな。

① 青森県
② 宮城県

知ってる? 東北6県と北海道を合わせた面積は、日本の国土の約40パーセント〈%〉をしめる。

クイズの答え ①（②は、春のおとずれを知らせる強い南風。③は、関東平野にふきおろす冬の北西風。）

48 福島県を知ろう

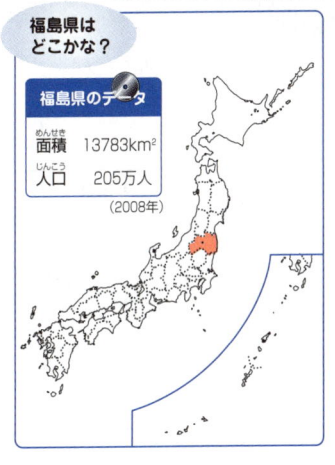

県庁所在地は？ ふくしま市　福島市

福島県はどこかな？

福島県のデータ
- 面積　13783km²
- 人口　205万人
（2008年）

● 福島県の地形

① 猪苗代湖
② 栃木県
③ 阿武隈川

● 福島県の農業・工業・発電

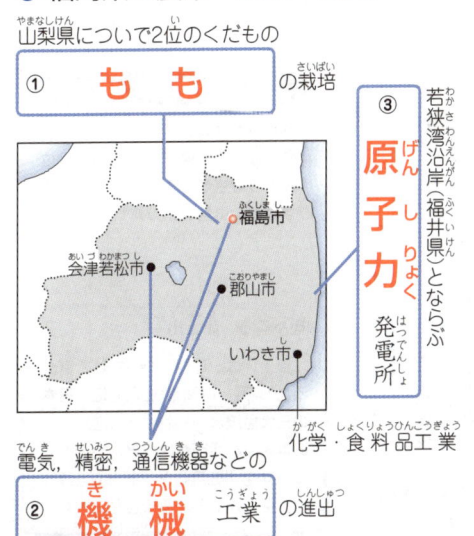

① もも の栽培（山梨県について2位のくだもの）

③ 原子力発電所（若狭湾沿岸（福井県）とならぶ）

化学・食料品工業

② 機械工業の進出（電気、精密、通信機器などの）

福島県のランキング
- もも の生産（2007年）　2位
- 日本なしの生産（2007年）　4位
- りんごの生産（2007年）　5位

この人だれ？

答え 福島県出身の細菌学者で、黄熱病の研究などで活躍した**野口英世**です。千円札にえがかれています。

知ってる？ 福島県で人口の多い上位3都市は、順に、いわき市、郡山市、福島市。

49 山形県を知ろう

県庁所在地は？ 山形市

山形県はどこかな？

山形県のデータ
面積 9323km²
人口 119万人
(2008年)

● 山形県の地形

日本の三大急流の1つ

③ 最上川

① 鳥海山

② 庄内平野

県庁所在地
0　30km
秋田県
酒田市
日本海
宮城県
天童市
山形市　蔵王山
米沢市
新潟県
福島県

● 山形県の農業・工業

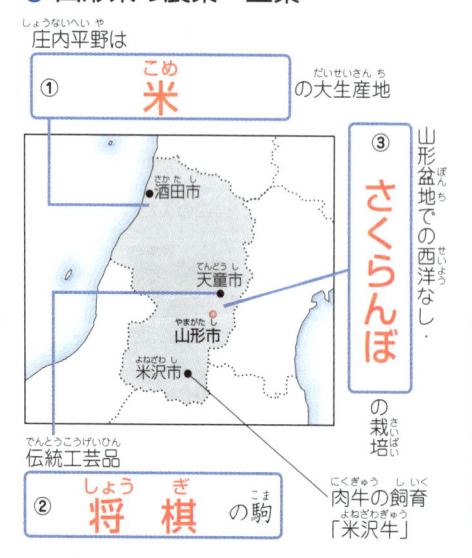

庄内平野は
① 米 の大生産地

③ 山形盆地での西洋なし・さくらんぼの栽培

酒田市
天童市
山形市
米沢市

伝統工芸品
② 将棋 の駒

肉牛の飼育「米沢牛」

山形県のランキング

● さくらんぼの生産(2007年)　1位
● 西洋なしの生産(2007年)　1位
● ぶどうの生産(2007年)　3位
● すいかの生産(2007年)　3位

さんこう 最上川

　最上川は、球磨川(熊本県)、富士川(山梨県・静岡県)とともに、**日本の三大急流**といわれます。江戸時代の俳人、松尾芭蕉は、最上川のそのようすを「五月雨を　あつめてはやし　最上川」とよみました。

知ってる? 山形県のさくらんぼ(おうとう)の生産は、全国の約**3分の2**をしめる。

50 秋田県を知ろう

県庁所在地は？ 秋田市

秋田県はどこかな？

秋田県のデータ
面積 11612km²
人口 111万人
(2008年)

● 秋田県の地形

① 白神山地 — 世界自然遺産，ぶなの原生林

② 八郎潟 — かつては日本第二の湖 干拓地

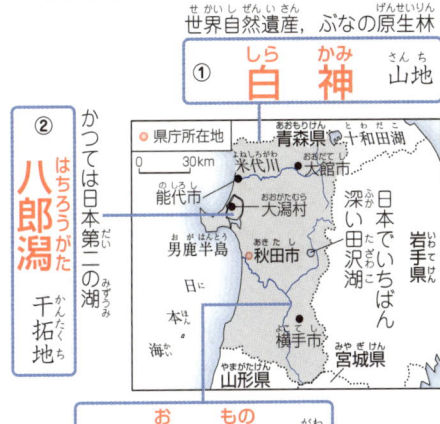

③ 雄物川

- 十和田湖
- 米代川
- 能代市
- 大館市
- 大潟村
- 男鹿半島
- 秋田市
- 田沢湖（日本でいちばん深い）
- 横手市
- 日本海
- 青森県／岩手県／宮城県／山形県

● 秋田県の農業・林業・工業・伝統文化

① 米 — 八郎潟，秋田平野，横手盆地 の大生産地

③ 秋田すぎ — 米代川の流域の 秋田すぎ は日本三大美林の一つ

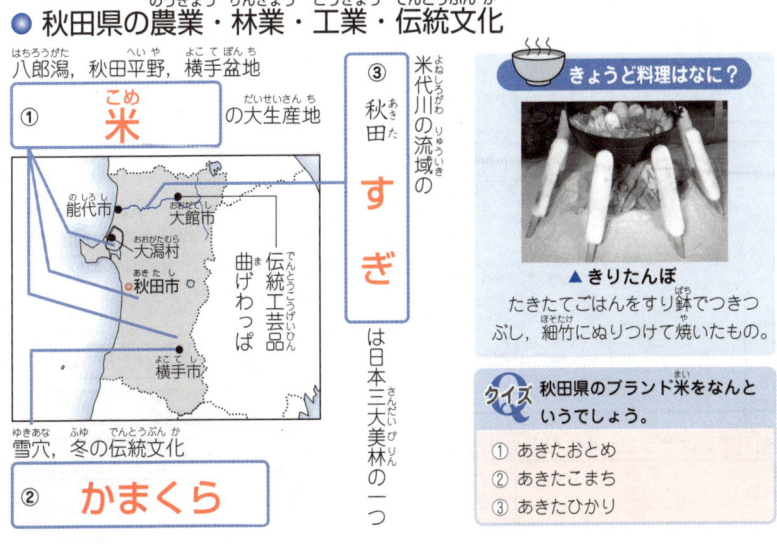

- 能代市
- 大館市
- 大潟村
- 秋田市
- 横手市
- 伝統工芸品 曲げわっぱ

② かまくら — 雪穴，冬の伝統文化

きょうど料理はなに？

▲ きりたんぽ
たきたてごはんをすり鉢でつきつぶし，細竹にぬりつけて焼いたもの。

クイズ
秋田県のブランド米をなんというでしょう。
① あきたおとめ
② あきたこまち
③ あきたひかり

知ってる？ 白神山地の世界自然遺産登録地域には，むやみに入山することはできない。

クイズの答え ②

51 宮城県を知ろう

県庁所在地は？
仙台市

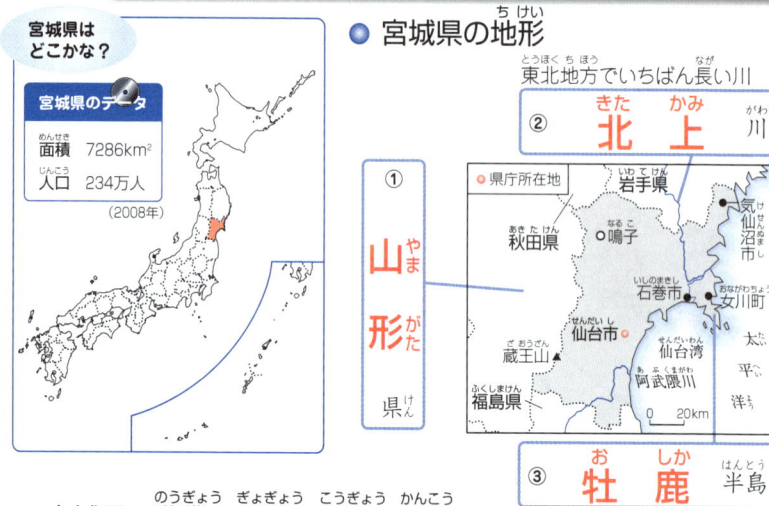

宮城県はどこかな？

宮城県のデータ
面積 7286km²
人口 234万人
(2008年)

● 宮城県の地形

東北地方でいちばん長い川
② **北上**川

① **山形**県

県庁所在地
岩手県
秋田県
鳴子
気仙沼市
石巻市
女川町
仙台市
蔵王山▲
仙台湾
福島県
阿武隈川
太平洋
0 20km

③ **牡鹿**半島

● 宮城県の農業・漁業・工業・観光

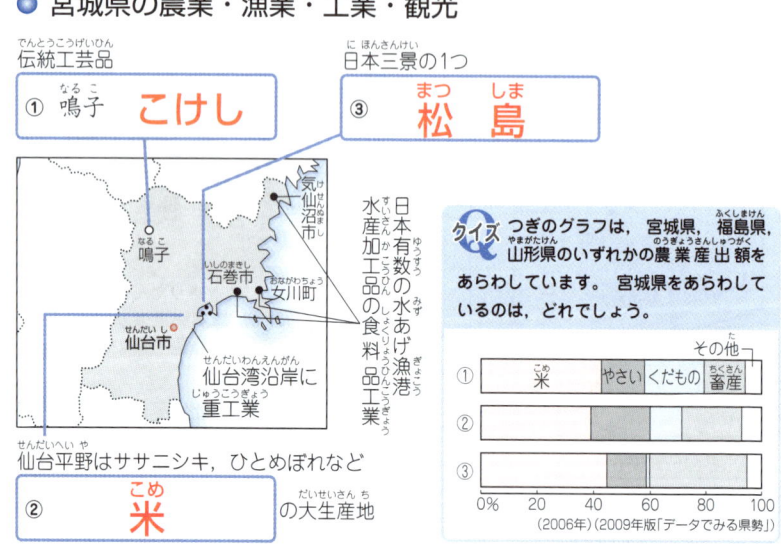

伝統工芸品
① 鳴子 **こけし**

日本三景の1つ
③ **松島**

鳴子
気仙沼市
石巻市
女川町
仙台市
仙台湾沿岸に重工業

日本有数の水あげ漁港
水産加工品の食料品工業

仙台平野はササニシキ、ひとめぼれなど
② **米** の大生産地

クイズ つぎのグラフは、宮城県、福島県、山形県のいずれかの農業産出額をあらわしています。宮城県をあらわしているのは、どれでしょう。

① 米 | やさい | くだもの | 畜産 | その他
②
③

0% 20 40 60 80 100
(2006年)(2009年版「データでみる県勢」)

知ってる？ 仙台市は、国の出先機関や大企業の支社などが集まる、東北地方の中心都市。

クイズの答え ③(①は山形県、②は福島県。「米」と「くだもの」に着目する。)

52 岩手県を知ろう

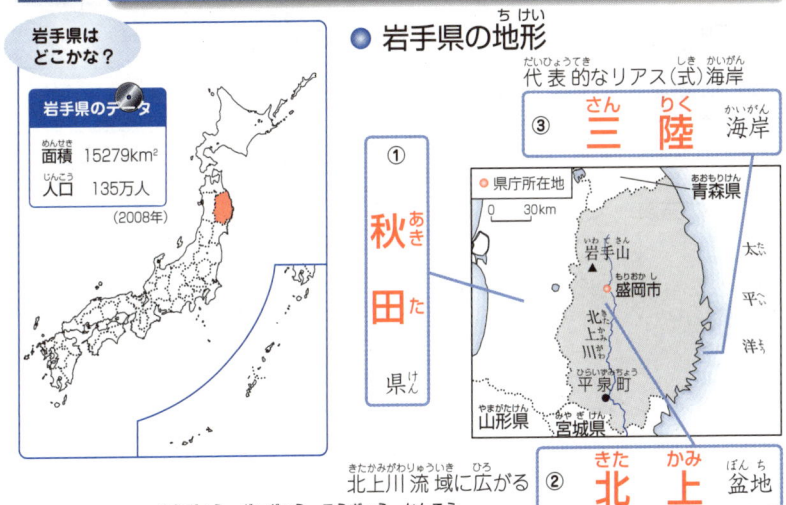

県庁所在地は？ 盛岡市

岩手県はどこかな？

岩手県のデータ
- 面積 15279km²
- 人口 135万人
（2008年）

● 岩手県の地形

代表的なリアス(式)海岸
③ 三陸海岸

① 秋田県

② 北上盆地（北上川流域に広がる）

● 岩手県の農業・漁業・工業・観光

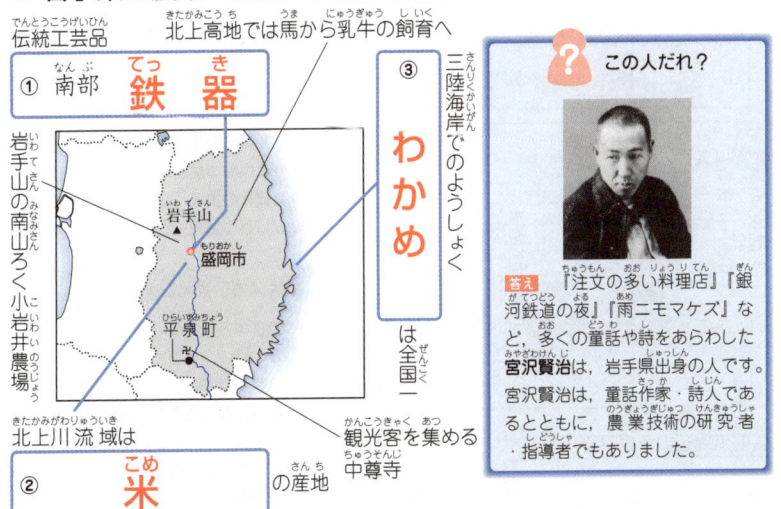

伝統工芸品
① 南部鉄器

北上高地では馬から乳牛の飼育へ

③ わかめ（三陸海岸でのようしょくは全国一）

岩手山の南山ろくに小岩井農場

北上川流域は
② 米の産地

観光客を集める中尊寺

この人だれ？

答え『注文の多い料理店』『銀河鉄道の夜』『雨ニモマケズ』など、多くの童話や詩をあらわした**宮沢賢治**は、岩手県出身の人です。宮沢賢治は、童話作家・詩人であるとともに、農業技術の研究者・指導者でもありました。

知ってる？ 小岩井農場の名まえの由来は、小野義真、岩崎彌之助、井上勝という3人の設立者の名字から一字ずつとってつけられた。1891年につくられた。

53 青森県を知ろう

県庁所在地は？　**青森**市

青森県はどこかな？

青森県のデータ
面積　9607km²
人口　139万人
(2008年)

● 青森県の地形

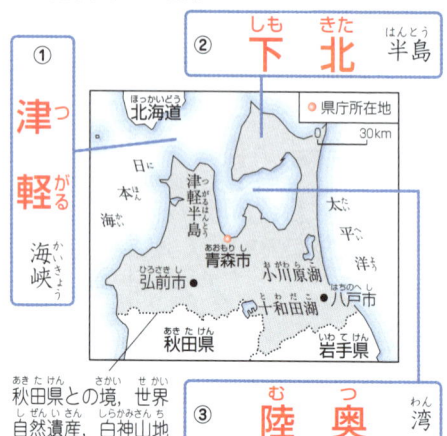

① 津軽海峡
② 下北半島
③ 陸奥湾

北海道
日本海
太平洋
津軽半島
青森市
小川原湖
弘前市
十和田湖
八戸市
秋田県
岩手県

秋田県との境、世界自然遺産、白神山地

● 青森県の農業・漁業・林業・交通

1988年に開通，世界最長
① **青函**トンネル

日本三大美林
青森(津軽)ひば

日本有数の漁港
水産加工品

陸奥湾でのようしょく
③ **ほたて貝**

青森市
弘前市
八戸市

弘前市周辺の津軽平野
② **りんご**の大生産地

青森県のランキング

● りんごの生産(2007年)　　1位
● さくらんぼの生産(2007年)　2位
● にんにくの生産(2006年)　　1位
● やまいもの生産(2006年)　　1位
● ごぼうの生産(2006年)　　　1位
● しじみの生産(2005年)　　　2位

さんこう　東北四大祭り

つぎの各県の夏の祭りを東北四大祭りといい，全国から多くの観光客が集まります。
・ねぶた祭（青森県）
・竿燈まつり（秋田県）
・七夕まつり（宮城県）
・花笠まつり（山形県）

知ってる? 十和田湖は長い間，青森県と秋田県との間で境界が定まっていなかった。2008年8月，湖の面積を，青森県6，秋田県4のわりあいで分けることが決まった。

54 北海道を知ろう

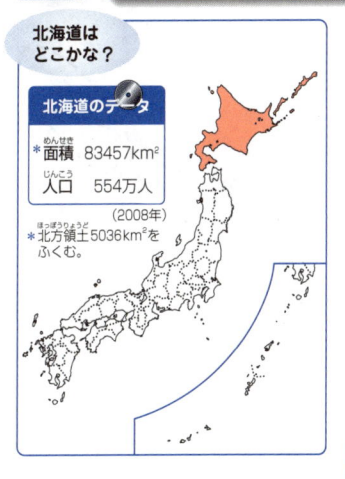

道庁所在地は？ 札幌市

北海道の地形

北海道はどこかな？

北海道のデータ
- 面積　83457km²
- 人口　554万人 (2008年)
- ※北方領土5036km²をふくむ。

① **石狩**川 — 信濃川, 利根川につぐ長さ
② **渡島**半島
③ **オホーツク**海 — 世界自然遺産, 知床

北海道の農業・漁業・工業

石狩川流域の石狩平野, 上川盆地
① **米**の大生産地

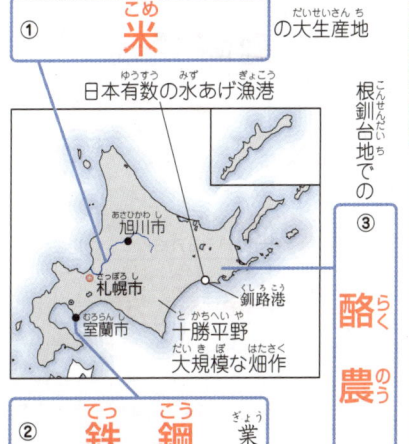

日本有数の水あげ漁港

根釧台地での
③ **酪農**

十勝平野 大規模な畑作

② **鉄鋼**業がさかん

この人だれ？

答え 1876年, 今の北海道大学にまねかれたアメリカの教育者**クラーク**です。"少年よ, 大志をいだけ！"という言葉を残して帰国しました。

北海道のランキング

- 米の生産 (2008年)　　　1位
- 小麦の生産 (2008年)　　1位
- てんさいの生産 (2008年)　1位
- あずきの生産 (2008年)　　1位
- じゃがいもの生産 (2007年)　1位
- たまねぎの生産 (2007年)　1位
- かぼちゃの生産 (2007年)　1位
- 漁かく量 (2006年)　　　1位
- バターの生産 (2006年)　　1位

知ってる？ 北海道の地名に独特な音が多いのは, 先住民の**アイヌ**の言葉に由来しているため。

第2章 さまざまな都道府県

55 面積が広い都道府県はどこかな？

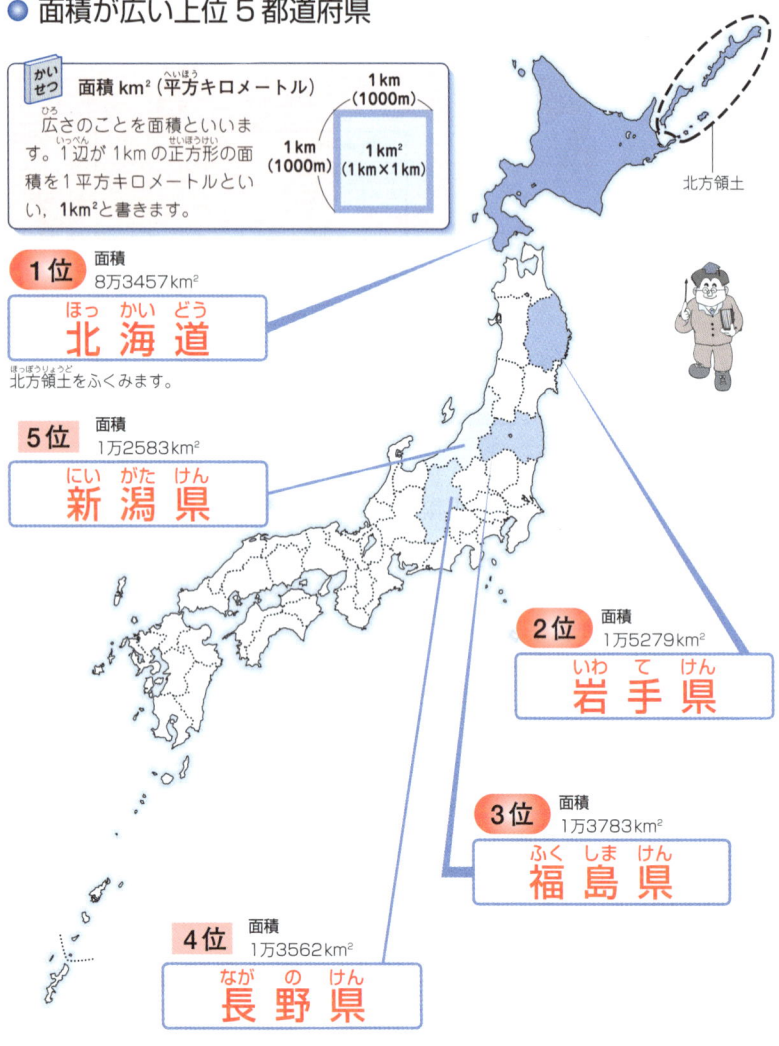

● 面積が広い上位5都道府県

かいせつ 面積 km²（平方キロメートル）
広さのことを面積といいます。1辺が1kmの正方形の面積を1平方キロメートルといい、1km²と書きます。
1km（1000m） × 1km（1000m） = 1km²（1km×1km）

1位 面積 8万3457km²
北海道
北方領土をふくみます。

北方領土

5位 面積 1万2583km²
新潟県

2位 面積 1万5279km²
岩手県

3位 面積 1万3783km²
福島県

4位 面積 1万3562km²
長野県

(2008年)(2009/10年版「日本国勢図会」)

知ってる？ 世界には約190の国がある。そのうち、およそ80か国は北海道より面積がせまい。

56 面積がせまい都道府県はどこかな？

● 面積がせまい上位5都道府県

2位 面積 1898km²
おおさかふ
大阪府

1位 面積 1877km²
かがわけん
香川県

3位 面積 2188km²
とうきょうと
東京都

5位 面積 2416km²
かながわけん
神奈川県

4位 面積 2276km²
おきなわけん
沖縄県

クイズ 香川県より面積が広い市町村は、いくつあるでしょう。
① ない
② 1つ
③ 2つ

(2008年)(2009/10年版「日本国勢図会」)

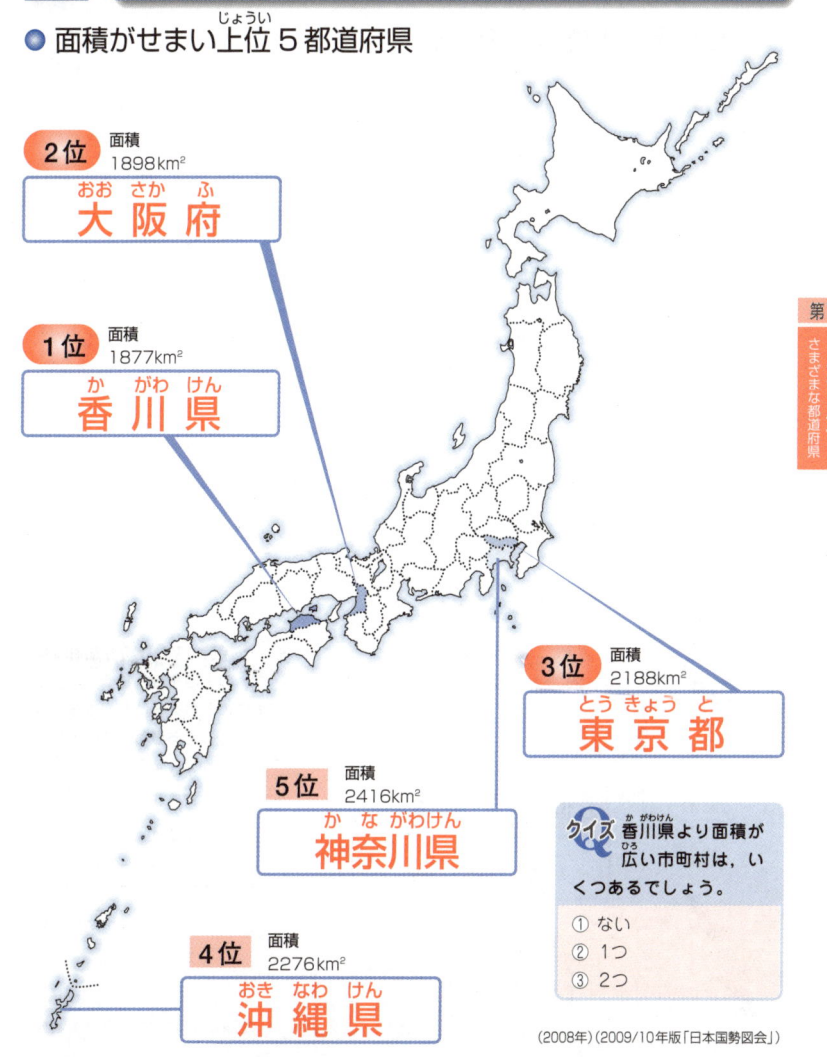

知ってる？ 世界でいちばんせまい国は、イタリアのローマ市内にある**バチカン市国**で、その面積は約0.4km²。香川県の広さは、バチカン市国の約4700倍もある。

クイズの答え ②(岐阜県高山市の約2178km²。東京都とほぼ同じ面積。)

第1編 さまざまな都道府県
第2章

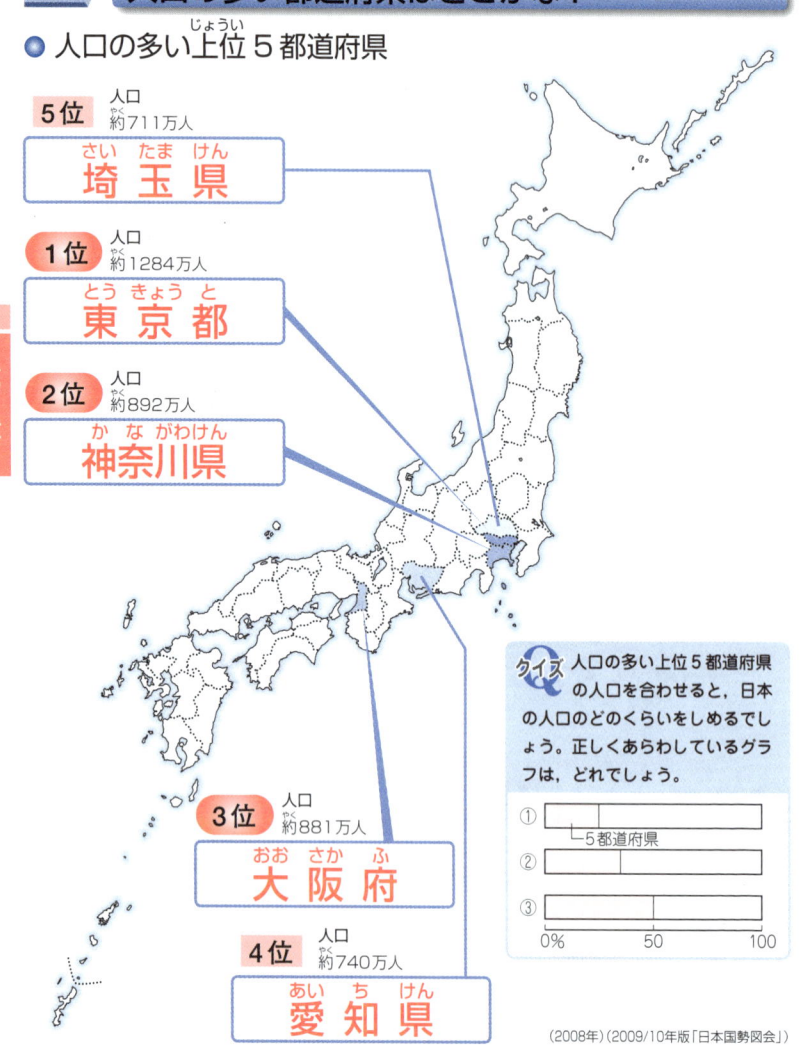

57　人口の多い都道府県はどこかな？

● 人口の多い上位5都道府県

5位 人口 約711万人
埼玉県

1位 人口 約1284万人
東京都

2位 人口 約892万人
神奈川県

3位 人口 約881万人
大阪府

4位 人口 約740万人
愛知県

クイズ 人口の多い上位5都道府県の人口を合わせると、日本の人口のどのくらいをしめるでしょう。正しくあらわしているグラフは、どれでしょう。

① ─5都道府県
②
③
0%　　　　50　　　　100

(2008年)(2009/10年版「日本国勢図会」)

知ってる? 東京23区をのぞいて、人口の多い上位3都市は、約359万人の**横浜市**(神奈川県)、約252万人の**大阪市**(大阪府)、約216万人の**名古屋市**(愛知県)(2008年)。

クイズの答え ②(日本の人口は約1億2770万人。上位5都道府県の人口は、約35パーセント〈%〉をしめる。)

― 60 ―

58 人口の少ない都道府県はどこかな？

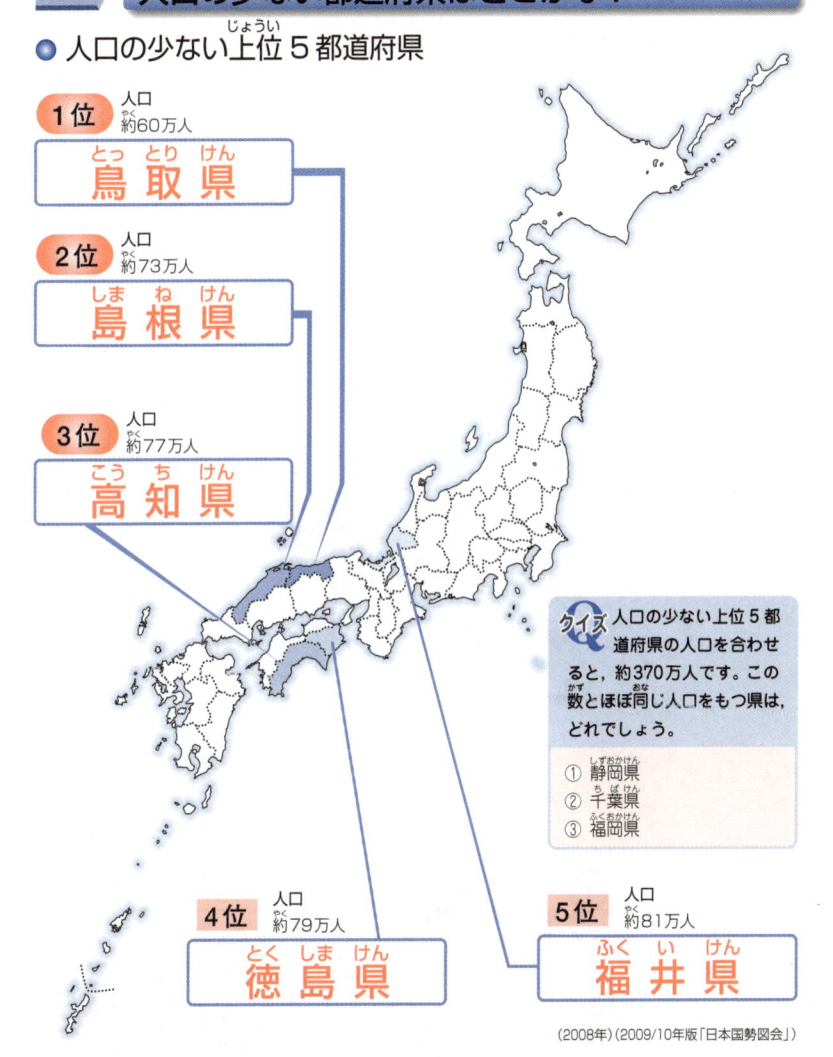

● 人口の少ない上位5都道府県

1位 人口 約60万人
鳥取県

2位 人口 約73万人
島根県

3位 人口 約77万人
高知県

4位 人口 約79万人
徳島県

5位 人口 約81万人
福井県

クイズ 人口の少ない上位5都道府県の人口を合わせると，約370万人です。この数とほぼ同じ人口をもつ県は，どれでしょう。
① 静岡県
② 千葉県
③ 福岡県

(2008年)(2009/10年版「日本国勢図会」)

知ってる？ 人口の少ない上位3市はいずれも北海道の市で，4922人の歌志内市，11343人の三笠市，12068人の夕張市(2008年)。

クイズの答え ①(静岡県の人口は約380万人。②は約612万人，③は約505万人。)

59 海のない都道府県はどこかな？

● 海のない都道府県

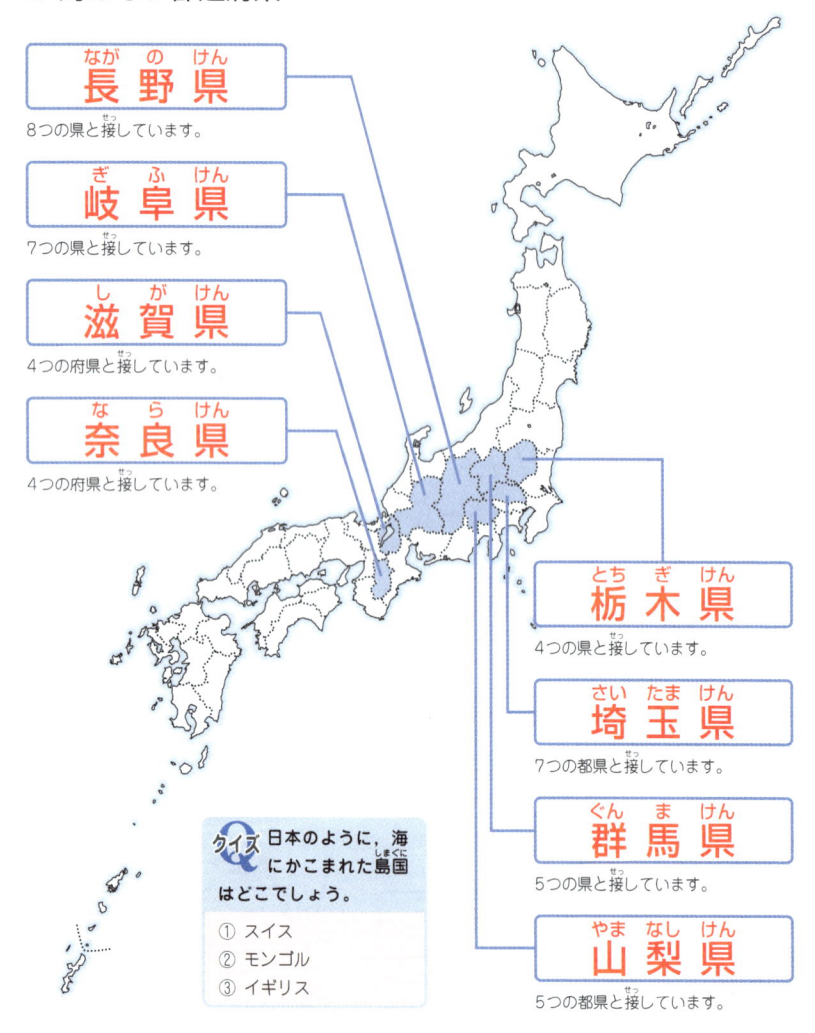

長野県
8つの県と接しています。

岐阜県
7つの県と接しています。

滋賀県
4つの府県と接しています。

奈良県
4つの府県と接しています。

栃木県
4つの県と接しています。

埼玉県
7つの都県と接しています。

群馬県
5つの県と接しています。

山梨県
5つの都県と接しています。

> **クイズQ** 日本のように、海にかこまれた島国はどこでしょう。
> ① スイス
> ② モンゴル
> ③ イギリス

知ってる? どの都道府県とも陸で接していないのは、北海道と沖縄県。

クイズの答え ③（①・②のように海に面した土地をもたない国を内陸国という。）

第2編 日本編

第1章 自然・文化・日本のすがた

60 日本の高い山や山地・山脈を覚えよう

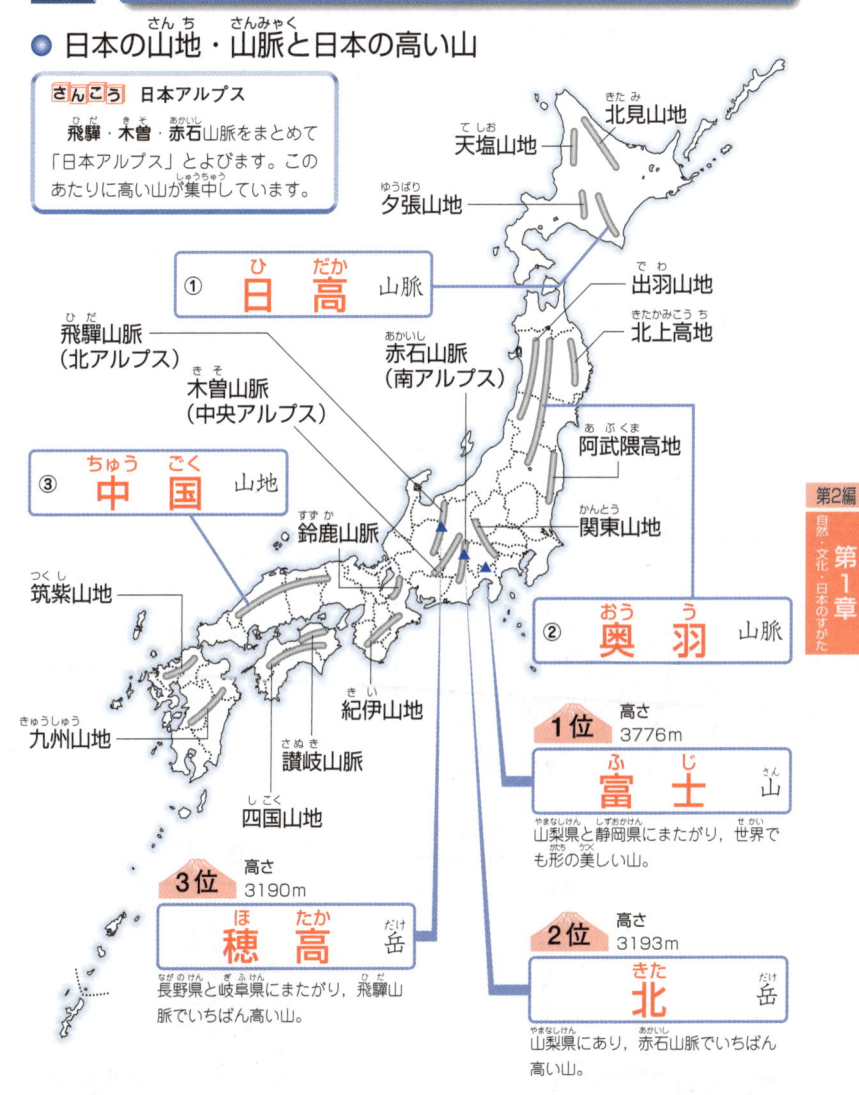

● 日本の山地・山脈と日本の高い山

さんこう 日本アルプス
飛驒・木曽・赤石山脈をまとめて「日本アルプス」とよびます。このあたりに高い山が集中しています。

- 北見山地
- 天塩山地
- 夕張山地
- ① 日高 山脈
- 出羽山地
- 北上高地
- 飛驒山脈（北アルプス）
- 木曽山脈（中央アルプス）
- 赤石山脈（南アルプス）
- 阿武隈高地
- ③ 中国 山地
- 鈴鹿山脈
- 関東山地
- 筑紫山地
- ② 奥羽 山脈
- 九州山地
- 紀伊山地
- 讃岐山脈
- 四国山地

1位 高さ 3776m
富士山
山梨県と静岡県にまたがり，世界でも形の美しい山。

3位 高さ 3190m
穂高岳
長野県と岐阜県にまたがり，飛驒山脈でいちばん高い山。

2位 高さ 3193m
北岳
山梨県にあり，赤石山脈でいちばん高い山。

知ってる？ 世界の高い山ランキング　1位…エベレスト山（8848m）　2位…K2（8611m）
3位…カンチェンジュンガ山（8586m）。

61 日本の長い川を覚えよう

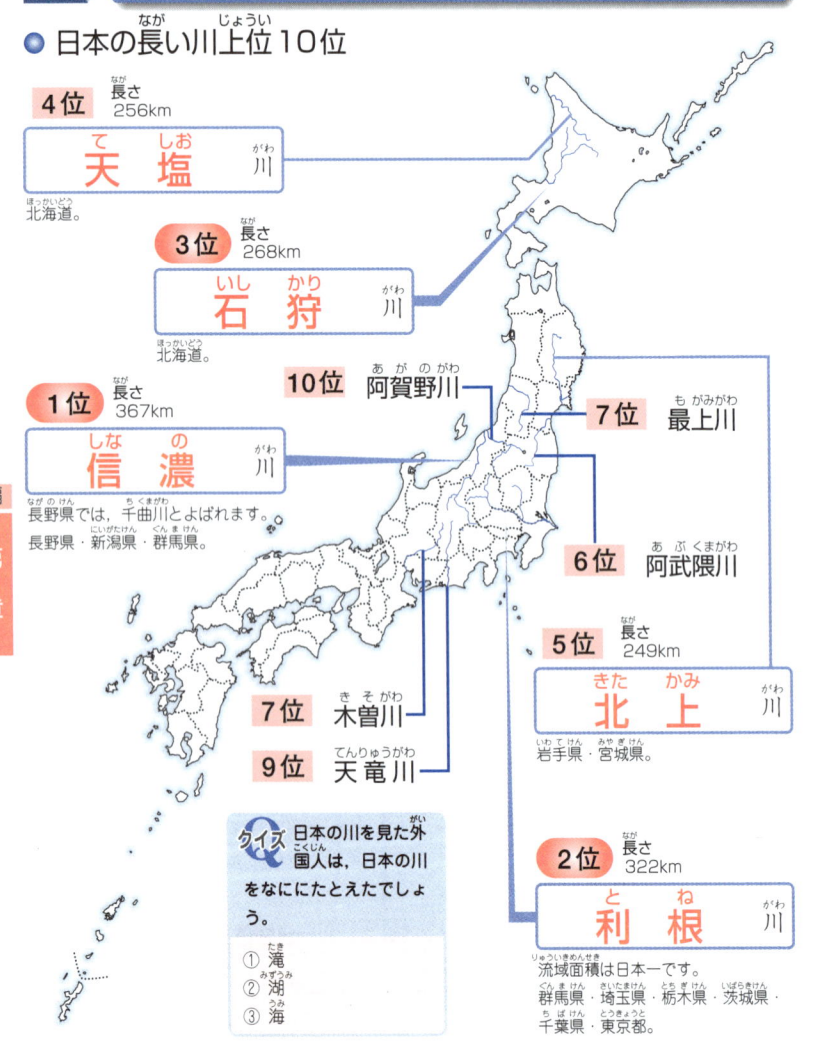

● 日本の長い川上位10位

4位 長さ 256km
天塩川
北海道。

3位 長さ 268km
石狩川
北海道。

10位 阿賀野川

7位 最上川

1位 長さ 367km
信濃川
長野県では、千曲川とよばれます。
長野県・新潟県・群馬県。

6位 阿武隈川

5位 長さ 249km
北上川
岩手県・宮城県。

7位 木曽川

9位 天竜川

2位 長さ 322km
利根川
流域面積は日本一です。
群馬県・埼玉県・栃木県・茨城県・千葉県・東京都。

クイズ 日本の川を見た外国人は、日本の川をなににたとえたでしょう。
① 滝
② 湖
③ 海

知ってる? 世界の長い川ランキング　1位…ナイル川(6695km)　2位…アマゾン川(6516km)　3位…長江(揚子江)(6380km)。流域面積が世界最大の川はアマゾン川。

クイズの答え ①(日本の川は、世界の川とくらべて、短くて流れが急という特色がある。)

62 日本の大きな湖を覚えよう

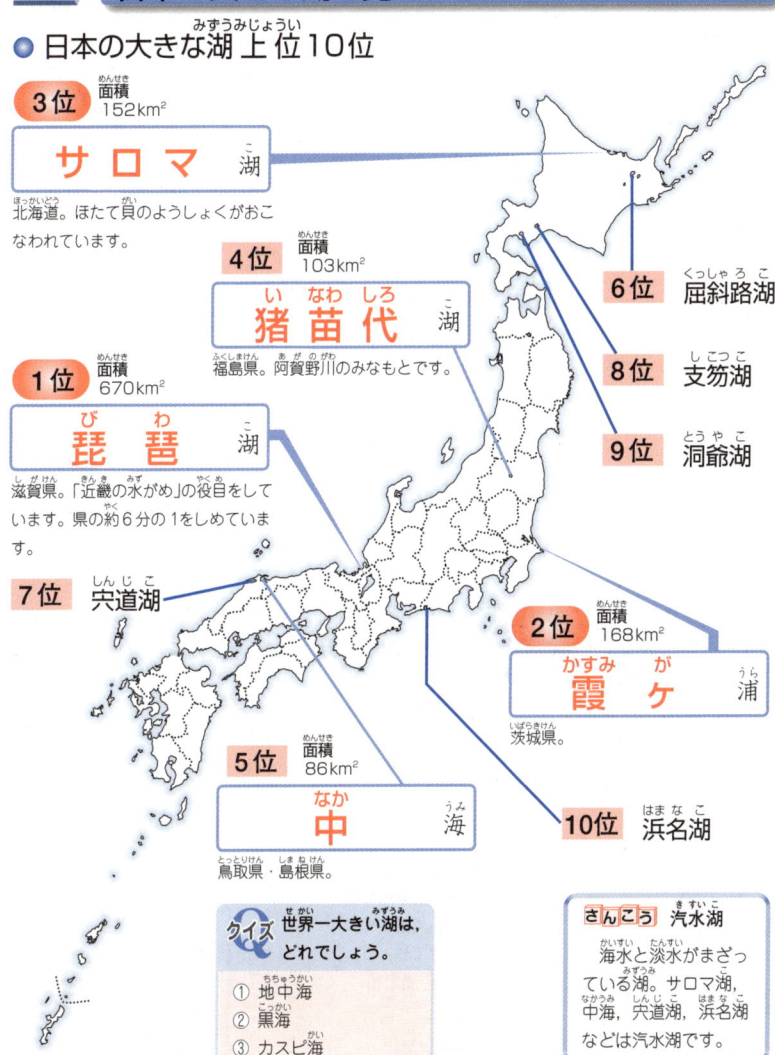

● 日本の大きな湖 上位10位

3位 面積 152km²
サロマ湖
北海道。ほたて貝のようしょくがおこなわれています。

4位 面積 103km²
猪苗代湖
福島県。阿賀野川のみなもとです。

1位 面積 670km²
琵琶湖
滋賀県。「近畿の水がめ」の役目をしています。県の約6分の1をしめています。

6位 屈斜路湖

8位 支笏湖

9位 洞爺湖

7位 宍道湖

2位 面積 168km²
霞ヶ浦
茨城県。

5位 面積 86km²
中海
鳥取県・島根県。

10位 浜名湖

クイズQ 世界一大きい湖は、どれでしょう。
① 地中海
② 黒海
③ カスピ海

さんこう 汽水湖
海水と淡水がまざっている湖。サロマ湖、中海、宍道湖、浜名湖などは汽水湖です。

知ってる? カスピ海の面積は約37万km²で、日本の国土面積とほぼ同じ。

クイズの答え ③(①と②は湖ではなく海洋。)

63 日本のおもな平野・盆地を覚えよう

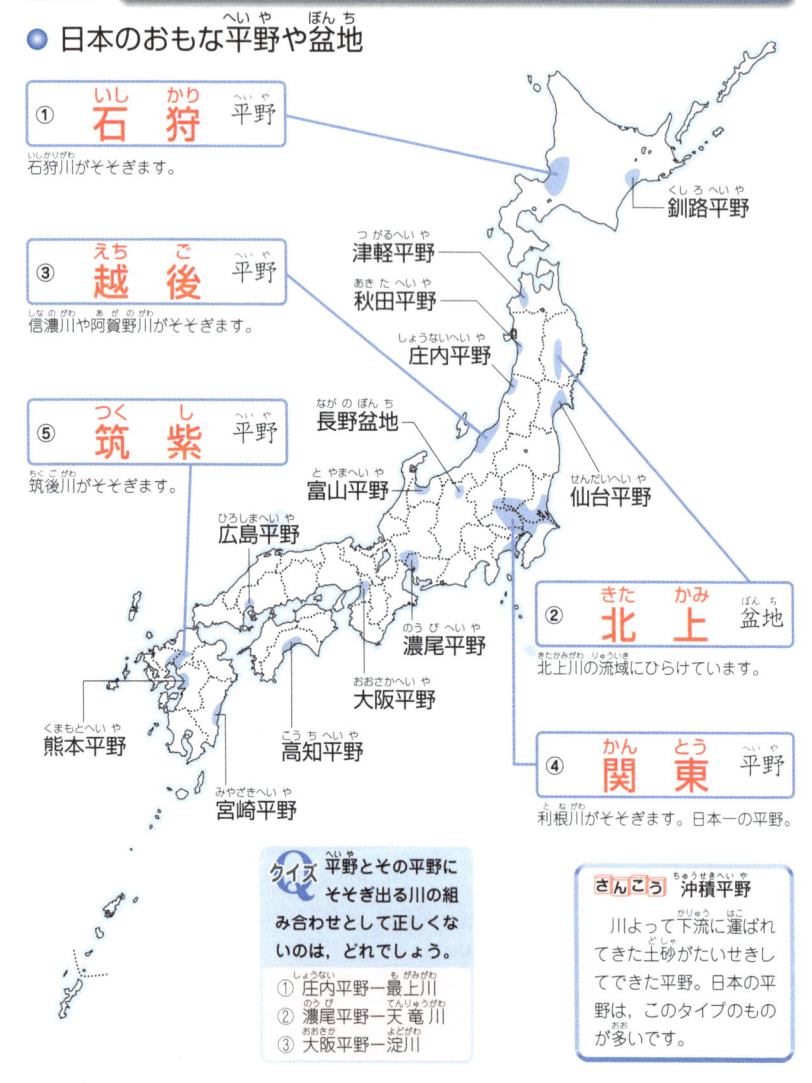

● 日本のおもな平野や盆地

① **石狩**平野
石狩川がそそぎます。

③ **越後**平野
信濃川や阿賀野川がそそぎます。

⑤ **筑紫**平野
筑後川がそそぎます。

② **北上**盆地
北上川の流域にひらけています。

④ **関東**平野
利根川がそそぎます。日本一の平野。

釧路平野
津軽平野
秋田平野
庄内平野
長野盆地
富山平野
仙台平野
広島平野
濃尾平野
大阪平野
熊本平野
高知平野
宮崎平野

クイズ
平野とその平野にそそぎ出る川の組み合わせとして正しくないのは、どれでしょう。
① 庄内平野－最上川
② 濃尾平野－天竜川
③ 大阪平野－淀川

さんこう 沖積平野
川よって下流に運ばれてきた土砂がたいせきしてできた平野。日本の平野は、このタイプのものが多いです。

知ってる? 関東平野の**関東ローム**は、浅間山などからふん出した火山灰が積もってできた**赤土**の層。

クイズの答え ②（濃尾平野には、木曽川、長良川、揖斐川がそそぐ。）

64 日本のおもな半島・岬，大きな島を覚えよう

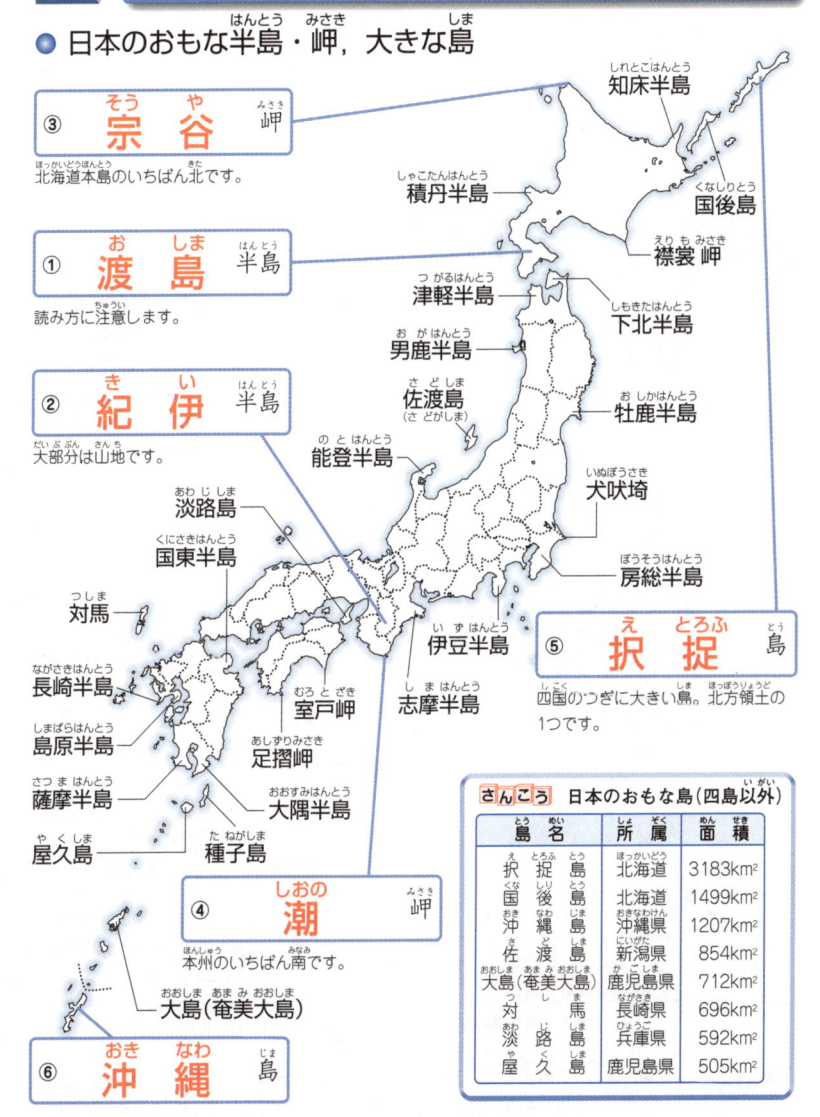

● 日本のおもな半島・岬，大きな島

③ **宗谷**岬
北海道本島のいちばん北です。

① **渡島**半島
読み方に注意します。

② **紀伊**半島
大部分は山地です。

⑤ **択捉**島
四国のつぎに大きい島。北方領土の1つです。

④ **潮**岬
本州のいちばん南です。

⑥ **沖縄**島

地図内の地名：
- 知床半島
- 積丹半島
- 国後島
- 襟裳岬
- 津軽半島
- 下北半島
- 男鹿半島
- 佐渡島
- 牡鹿半島
- 能登半島
- 犬吠埼
- 淡路島
- 国東半島
- 房総半島
- 対馬
- 伊豆半島
- 長崎半島
- 室戸岬
- 志摩半島
- 島原半島
- 足摺岬
- 薩摩半島
- 大隅半島
- 屋久島
- 種子島
- 大島（奄美大島）

さんこう 日本のおもな島（四島以外）

島名	所属	面積
択捉島	北海道	3183km²
国後島	北海道	1499km²
沖縄島	沖縄県	1207km²
佐渡島	新潟県	854km²
大島（奄美大島）	鹿児島県	712km²
対馬	長崎県	696km²
淡路島	兵庫県	592km²
屋久島	鹿児島県	505km²

知ってる？ 世界最大の島グリーンランド（デンマーク領）は，日本の国土の約6倍ある。

65 日本の気候区分を覚えよう

● 日本の気候区分

かいせつ　6つの気候区分

国土が南北に長く、海流や季節風のえいきょうを受ける日本は、つぎの6つの気候区に分けることができます。
北海道の気候、日本海側の気候、太平洋側の気候、中央高地の気候、瀬戸内の気候、南西諸島の気候

① **北海道**の気候
冬の寒さがきびしく、夏はすずしいです。梅雨はありません。

② **日本海側**の気候
雪が多くふります。

③ **中央高地**の気候
夏と冬の気温の差が大きく、1年を通して降水量が少ないです。

④ **太平洋側**の気候
冬は晴れの日が多く、夏は雨が多い。

⑤ **瀬戸内**の気候
1年を通して雨が少なく、冬もわりあいあたたかい。

⑥ **南西諸島**の気候
冬でもあたたかく、雪や霜は見られません。

クイズ 沖縄県那覇市の1月の平均気温は、約17℃です。北海道札幌市の1月の平均気温は、どのくらいでしょう。

① 10℃
② 5℃
③ れい下4℃

知ってる? 気温とは、大気の温度のこと。単位は℃を使う。**降水量**とは、雨・雪・あられ・ひょうなどがふった量。水のかさにおきかえてその深さをmm（ミリメートル）であらわす。

クイズの答え ③（2つの都市で21度のちがいがある。日本では北に向かうほど寒くなる。）

66 日本の世界遺産はどこかな？

● 日本の世界遺産の登録地（＊は自然遺産）

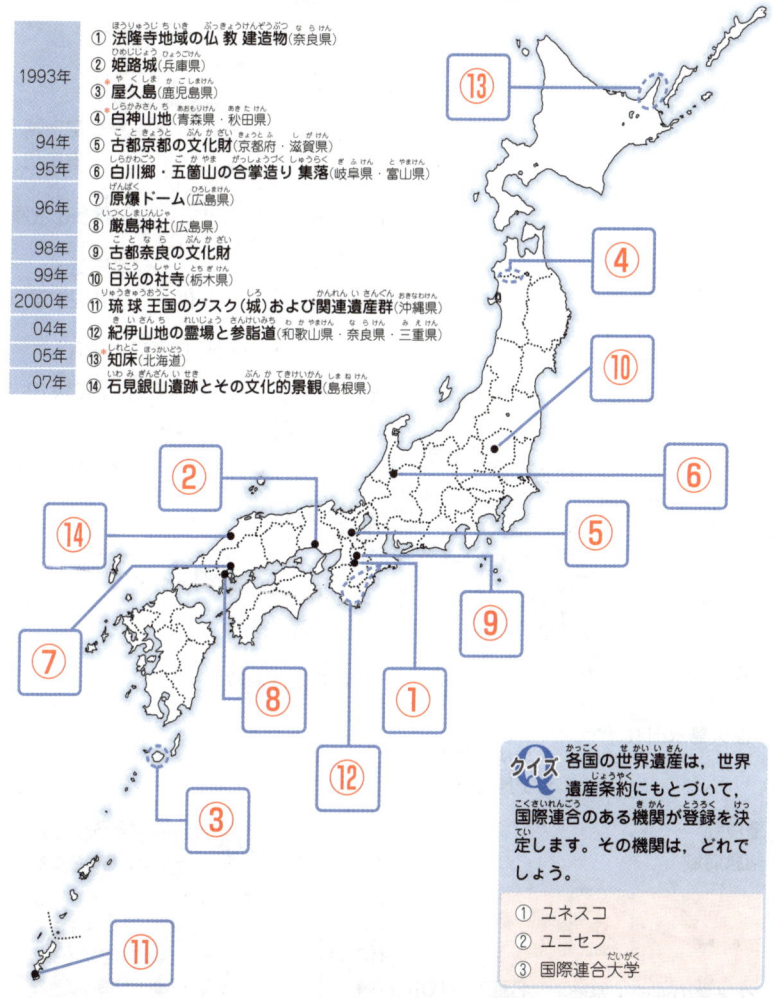

1993年	① 法隆寺地域の仏教建造物(奈良県)
	② 姫路城(兵庫県)
	③ 屋久島(鹿児島県)＊
	④ 白神山地(青森県・秋田県)＊
94年	⑤ 古都京都の文化財(京都府・滋賀県)
95年	⑥ 白川郷・五箇山の合掌造り集落(岐阜県・富山県)
96年	⑦ 原爆ドーム(広島県)
	⑧ 厳島神社(広島県)
98年	⑨ 古都奈良の文化財
99年	⑩ 日光の社寺(栃木県)
2000年	⑪ 琉球王国のグスク(城)および関連遺産群(沖縄県)
04年	⑫ 紀伊山地の霊場と参詣道(和歌山県・奈良県・三重県)
05年	⑬ 知床(北海道)＊
07年	⑭ 石見銀山遺跡とその文化的景観(島根県)

> **クイズQ** 各国の世界遺産は、世界遺産条約にもとづいて、国際連合のある機関が登録を決定します。その機関は、どれでしょう。
>
> ① ユネスコ
> ② ユニセフ
> ③ 国際連合大学

知ってる？ 人類がおかしたひさんなできごとを思い出させ、二度とおこさせないという決意と願いをこめて登録された世界遺産を「**負の世界遺産**」という。原爆ドームはその1つ。

クイズの答え ①（世界遺産条約は、1972年、国連のユネスコ総会で採択された。）

67 日本のラムサール条約登録地はどこかな？

日本のラムサール条約の登録地

かいせつ

ラムサール条約

水鳥がえさをとる**湿地**と，湿地にすむ動植物を守ることを目的とした，国どうしの約束です。1971年に採択。

① **クッチャロ湖**（北海道）
② **釧路湿原**（北海道）
③ **谷津干潟**（千葉県）
④ **琵琶湖**（滋賀県）
⑤ **秋吉台地下水系**（山口県）
⑥ **漫湖**（沖縄県）

①
野付半島・
野付湾
サロベツ原野
濤沸湖
雨竜沼湿原
風蓮湖・
春国岱
宮島沼
ウトナイ湖
②
霧多布湿原
阿寒湖
厚岸湖・
別寒辺牛湿原
大山上池・下池
仏沼
瓢湖
伊豆沼・内沼
佐潟
蕪栗沼・周辺水田
片野鴨池
化女沼
三方五湖
奥日光の湿原
中海
宍道湖
③
尾瀬
藤前干潟
④
串本沿岸海域

⑤
蘭牟田池
屋久島永田浜
くじゅう坊ガツル・
タデ原湿原
慶良間
諸島海域
⑥
石垣島
名蔵アンパル
久米島の渓流・湿地

クイズ ラムサール条約の「ラムサール」とは，何の名まえでしょう。

① イラン最大の湖の名まえ
② イランの都市の名まえ
③ イランの国立公園の名まえ

知ってる？ 日本のラムサール条約登録地は，全部で37か所ある（2008年）。

クイズの答え ②（イラン北西部のカスピ海に面する都市で，ここで条約が採択された。）

68 伝統工芸品の生産地はどこかな？

● おもな伝統工芸品の生産地

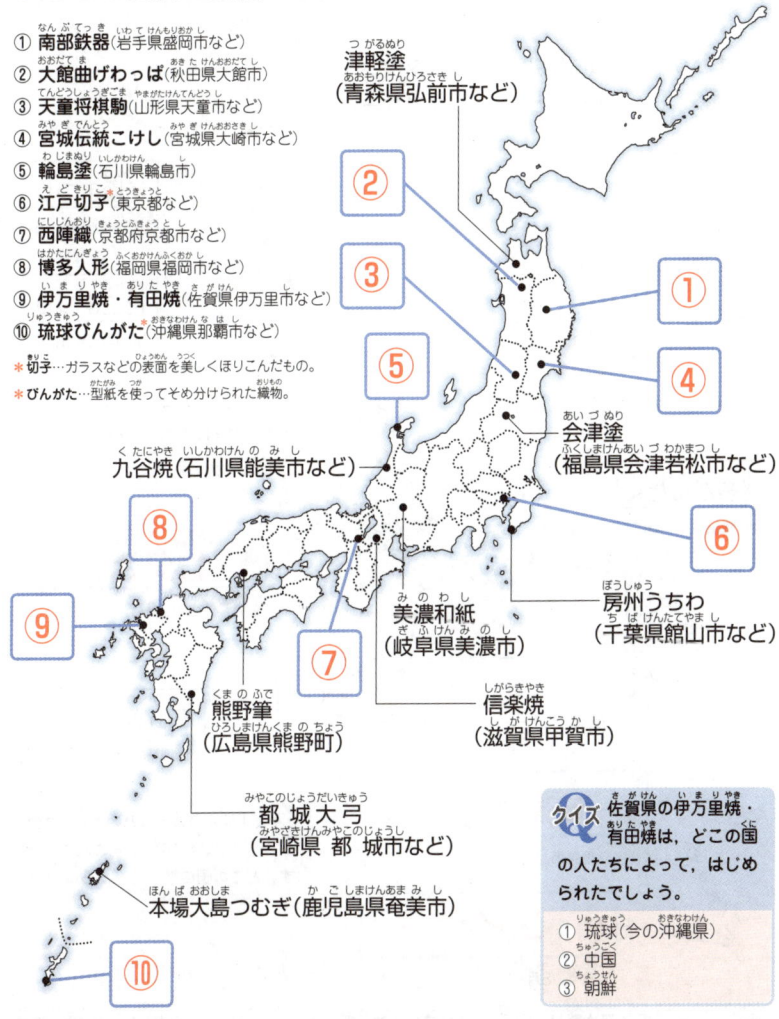

① 南部鉄器(岩手県盛岡市など)
② 大館曲げわっぱ(秋田県大館市)
③ 天童将棋駒(山形県天童市など)
④ 宮城伝統こけし(宮城県大崎市など)
⑤ 輪島塗(石川県輪島市)
⑥ 江戸切子(東京都など)
⑦ 西陣織(京都府京都市など)
⑧ 博多人形(福岡県福岡市など)
⑨ 伊万里焼・有田焼(佐賀県伊万里市など)
⑩ 琉球びんがた(沖縄県那覇市など)

＊切子…ガラスなどの表面を美しくほりこんだもの。
＊びんがた…型紙を使ってそめ分けられた織物。

津軽塗(青森県弘前市など)
会津塗(福島県会津若松市など)
九谷焼(石川県能美市など)
美濃和紙(岐阜県美濃市)
房州うちわ(千葉県館山市など)
信楽焼(滋賀県甲賀市)
熊野筆(広島県熊野町)
都城大弓(宮崎県都城市など)
本場大島つむぎ(鹿児島県奄美市)

クイズ 佐賀県の伊万里焼・有田焼は、どこの国の人たちによって、はじめられたでしょう。
① 琉球(今の沖縄県)
② 中国
③ 朝鮮

知ってる? 伝統的工芸品の指定をおこなうのは、経済産業大臣である。

クイズの答え ③(豊臣秀吉が朝鮮をせめたとき、ほりょとしてつれて帰った人々がはじめた。)

69 日本各地の祭りを知ろう

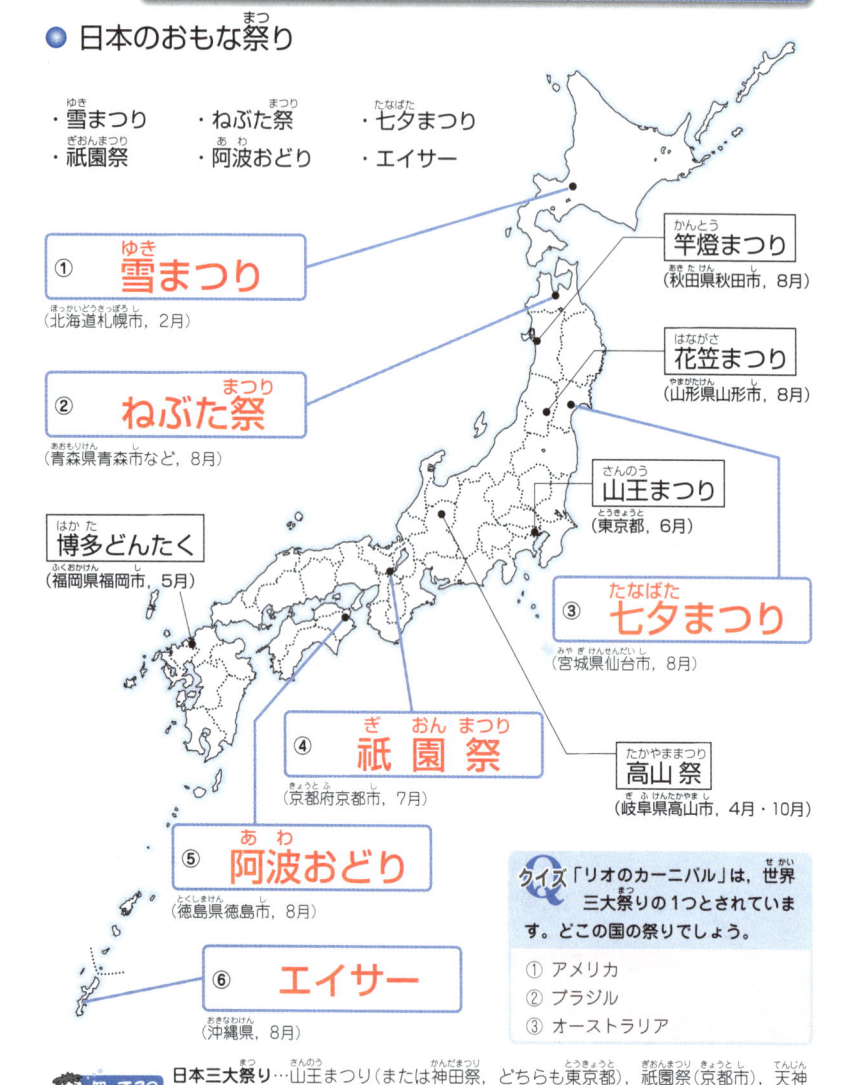

● 日本のおもな祭り

- 雪まつり
- ねぶた祭
- 七夕まつり
- 祇園祭
- 阿波おどり
- エイサー

① 雪まつり
（北海道札幌市, 2月）

② ねぶた祭
（青森県青森市など, 8月）

竿燈まつり
（秋田県秋田市, 8月）

花笠まつり
（山形県山形市, 8月）

博多どんたく
（福岡県福岡市, 5月）

山王まつり
（東京都, 6月）

③ 七夕まつり
（宮城県仙台市, 8月）

④ 祇園祭
（京都府京都市, 7月）

高山祭
（岐阜県高山市, 4月・10月）

⑤ 阿波おどり
（徳島県徳島市, 8月）

⑥ エイサー
（沖縄県, 8月）

クイズ 「リオのカーニバル」は、世界三大祭りの1つとされています。どこの国の祭りでしょう。

① アメリカ
② ブラジル
③ オーストラリア

知ってる? 日本三大祭り…山王まつり（または神田祭, どちらも東京都）, 祇園祭（京都市）, 天神祭（大阪市）

クイズの答え ②（「リオ」はブラジルの都市リオデジャネイロのこと。2〜3月の夏におこなわれる。）

70 政令指定都市を覚えよう

● 政令指定都市

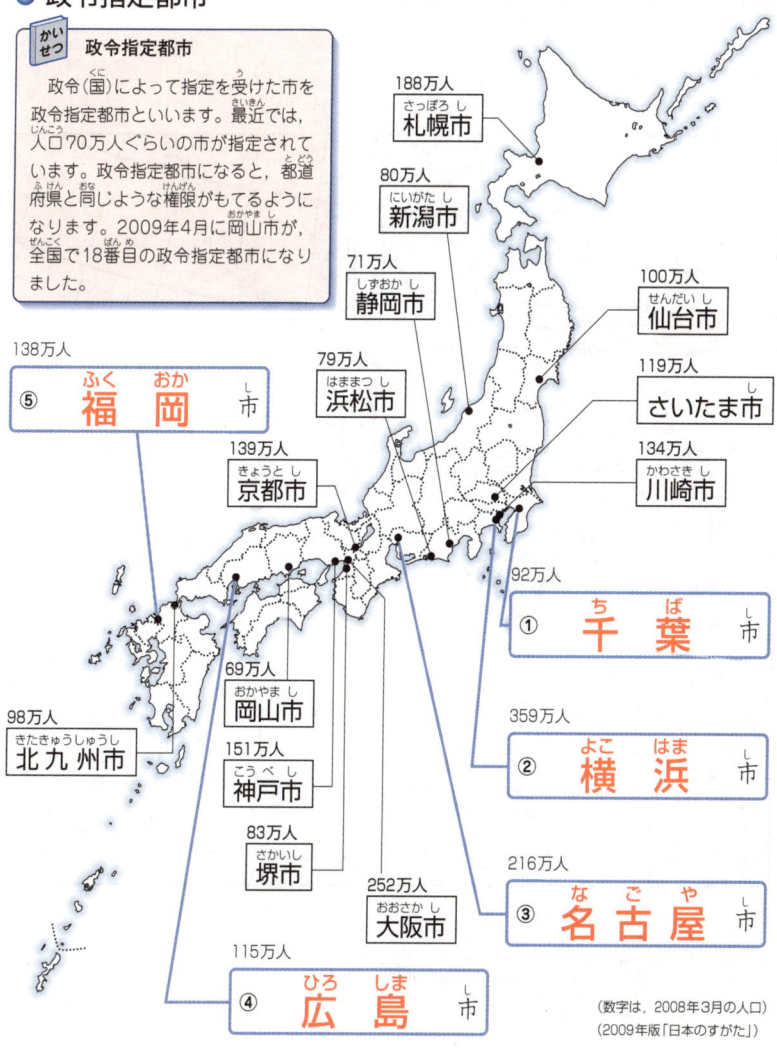

> **かいせつ　政令指定都市**
>
> 政令(国)によって指定を受けた市を政令指定都市といいます。最近では、人口70万人ぐらいの市が指定されています。政令指定都市になると、都道府県と同じような権限がもてるようになります。2009年4月に岡山市が、全国で18番目の政令指定都市になりました。

- 188万人 札幌市
- 80万人 新潟市
- 71万人 静岡市
- 79万人 浜松市
- 100万人 仙台市
- 119万人 さいたま市
- 134万人 川崎市
- 138万人 ⑤ 福岡市
- 139万人 京都市
- 92万人 ① 千葉市
- 98万人 北九州市
- 69万人 岡山市
- 151万人 神戸市
- 359万人 ② 横浜市
- 83万人 堺市
- 252万人 大阪市
- 216万人 ③ 名古屋市
- 115万人 ④ 広島市

(数字は、2008年3月の人口)
(2009年版「日本のすがた」)

知ってる? 政令指定都市になると、市内の住所は「□□市○○区〜」のように、いくつかの区に分けられる。

71 日本のはしとまわりの国々を知ろう

● 日本のはしの島とまわりの国

⑤ 大韓民国(韓国)

ロシア連邦

中華人民共和国(中国)

朝鮮民主主義人民共和国(北朝鮮)

オホーツク海

日本海

日本

太平洋

東シナ海

北回帰線

日本の北のはし
① 択捉島
(北緯45°33′)

日本の東のはし
④ 南鳥島
(東経153°59′)

日本の南のはし
② 沖ノ鳥島
(北緯20°25′)

日本の西のはし
③ 与那国島
(東経122°56′)

知ってる? 日本は、**ユーラシア大陸**(ヨーロッパとアジアを合わせた大陸)の**東側**にある、南北約3000kmにわたる島国といえる。

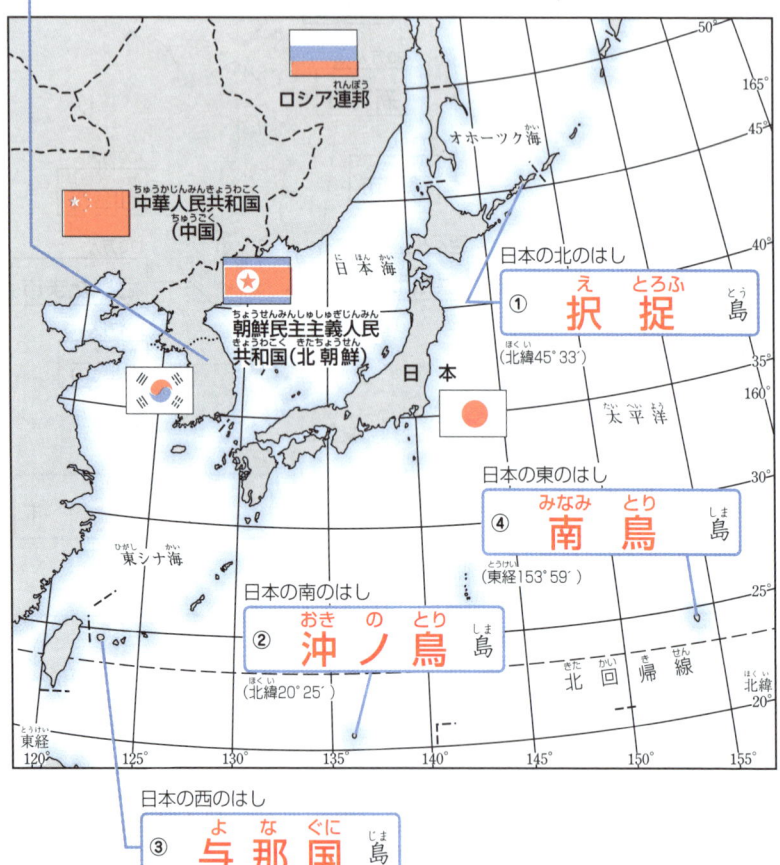

第2章 農林水産業

72 米のおもな生産地はどこかな?

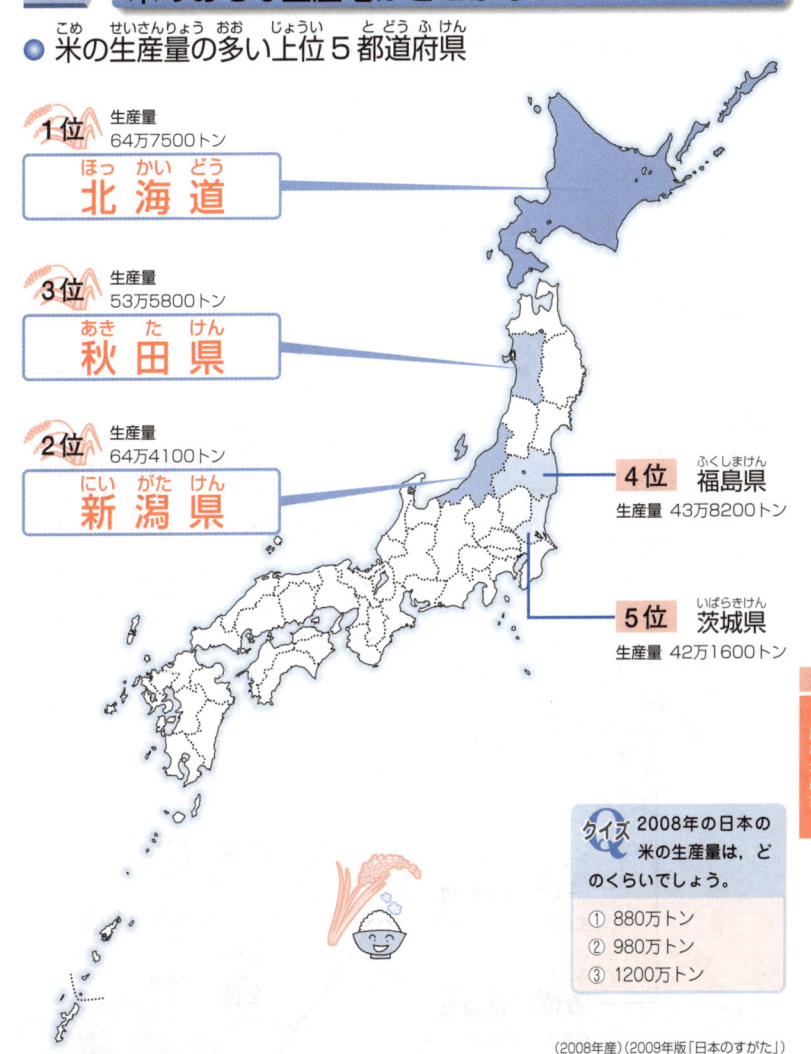

● 米の生産量の多い上位5都道府県

1位 北海道
生産量 64万7500トン

3位 秋田県
生産量 53万5800トン

2位 新潟県
生産量 64万4100トン

4位 福島県
生産量 43万8200トン

5位 茨城県
生産量 42万1600トン

クイズ 2008年の日本の米の生産量は、どのくらいでしょう。
① 880万トン
② 980万トン
③ 1200万トン

(2008年産)(2009年版「日本のすがた」)

知ってる? 世界の米の生産国ランキング(2007年) 1位…中国 2位…インド 3位…インドネシア。日本は10位。

クイズの答え ①

73 りんごとみかんのおもな生産地はどこかな？

● りんごとみかんの生産量の多い上位5都道府県

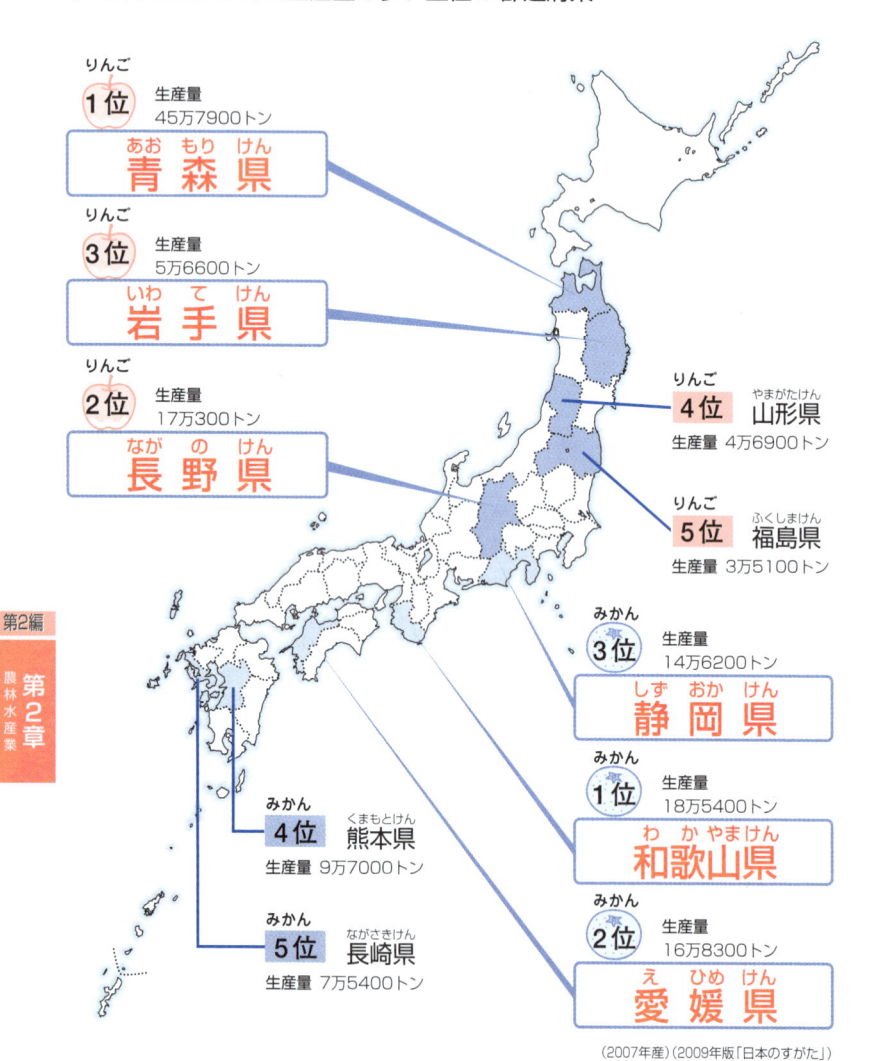

りんご 1位 青森県 生産量 45万7900トン

りんご 3位 岩手県 生産量 5万6600トン

りんご 2位 長野県 生産量 17万300トン

りんご 4位 山形県 生産量 4万6900トン

りんご 5位 福島県 生産量 3万5100トン

みかん 3位 静岡県 生産量 14万6200トン

みかん 1位 和歌山県 生産量 18万5400トン

みかん 4位 熊本県 生産量 9万7000トン

みかん 5位 長崎県 生産量 7万5400トン

みかん 2位 愛媛県 生産量 16万8300トン

（2007年産）（2009年版「日本のすがた」）

知ってる？ りんごはすずしい地方で，みかんはあたたかい地方でつくられているといえる。

74 きゅうりのおもな生産地はどこかな?

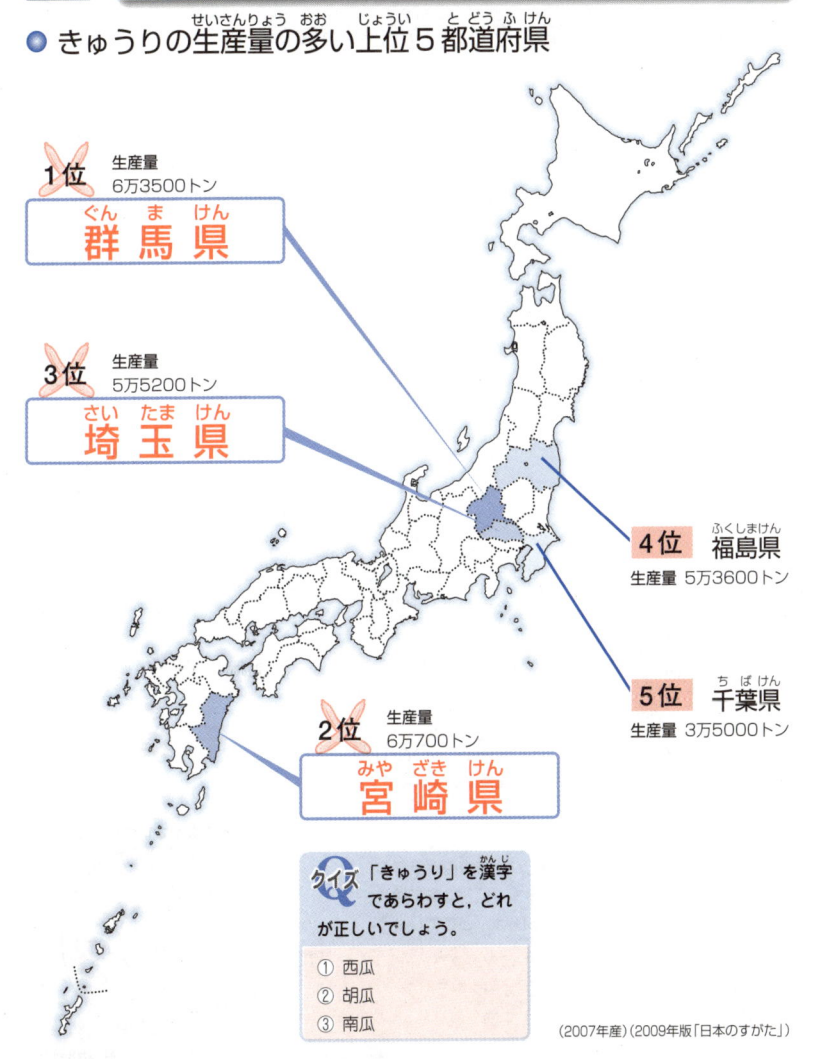

● きゅうりの生産量の多い上位5都道府県

1位 生産量 6万3500トン
群馬県(ぐんまけん)

3位 生産量 5万5200トン
埼玉県(さいたまけん)

4位 福島県(ふくしまけん)
生産量 5万3600トン

5位 千葉県(ちばけん)
生産量 3万5000トン

2位 生産量 6万700トン
宮崎県(みやざきけん)

クイズQ「きゅうり」を漢字であらわすと、どれが正しいでしょう。

① 西瓜
② 胡瓜
③ 南瓜

(2007年産)(2009年版「日本のすがた」)

知ってる? 宮崎県の生産者は、促成栽培によって、冬から春にかけてさかんに出荷する。

クイズの答え ②(①は「すいか」、③は「かぼちゃ」と読む。「瓜」は植物の「うり」という意味。)

75 キャベツのおもな生産地はどこかな？

● キャベツの生産量の多い上位5都道府県

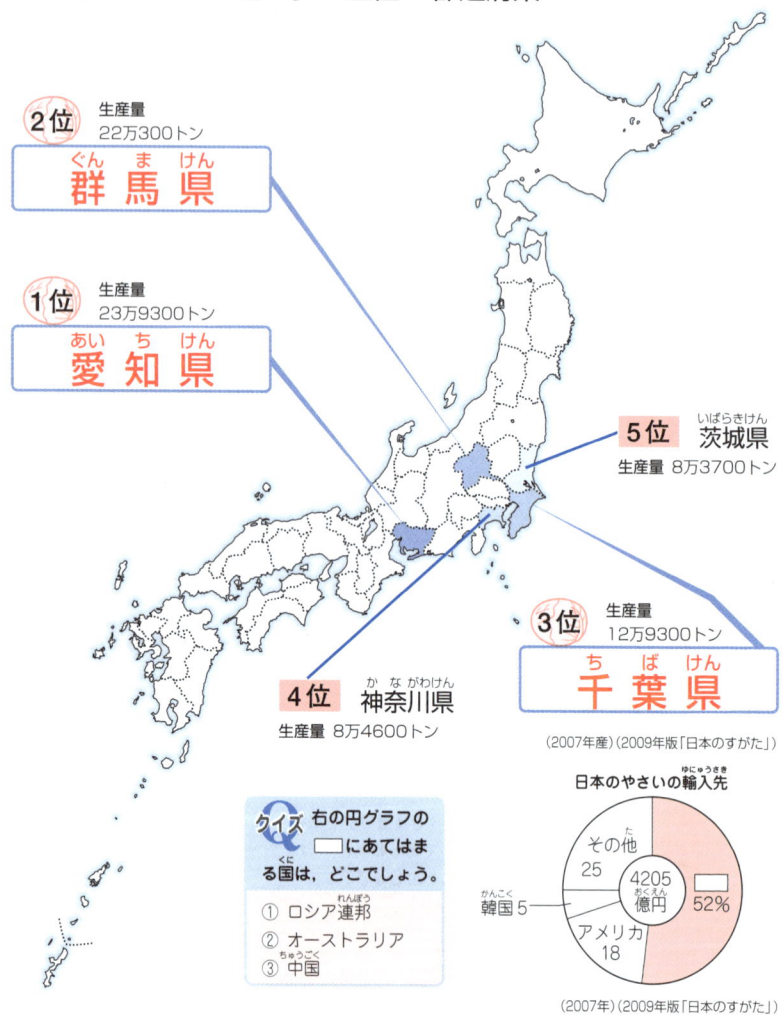

2位 群馬県 生産量 22万300トン

1位 愛知県 生産量 23万9300トン

5位 茨城県 生産量 8万3700トン

3位 千葉県 生産量 12万9300トン

4位 神奈川県 生産量 8万4600トン

(2007年産)（2009年版「日本のすがた」）

クイズ 右の円グラフの □ にあてはまる国は、どこでしょう。
① ロシア連邦
② オーストラリア
③ 中国

日本のやさいの輸入先
4205億円
その他 25
韓国 5
アメリカ 18
□ 52%

(2007年)（2009年版「日本のすがた」）

知ってる？ 群馬県の生産者は、高原やさいとして、夏に多く出荷する。

クイズの答え ③

76 牛を多く飼う都道府県はどこかな？

● 乳牛と肉牛の飼育数の多い上位5都道府県

乳牛 1位 北海道 飼育数 81万9400頭

乳牛 3位 岩手県 飼育数 5万700頭

乳牛 2位 栃木県 飼育数 5万6700頭

肉牛 5位 岩手県 飼育数 11万2400頭

乳牛 5位 千葉県 飼育数 4万3100頭

肉牛 1位 北海道 飼育数 51万1300頭

肉牛 3位 宮崎県 飼育数 29万5400頭

肉牛 2位 鹿児島県 飼育数 36万7300頭

熊本県
乳牛 4位 飼育数 4万5200頭
肉牛 4位 飼育数 14万7600頭

(2008年産)(2009年版「日本のすがた」)

知ってる? 世界の牛の飼育国ランキング(2007年) 1位…ブラジル 2位…インド 3位…中国。

77 ぶたを多く飼う都道府県はどこかな？

● ぶたの飼育数の多い上位5都道府県

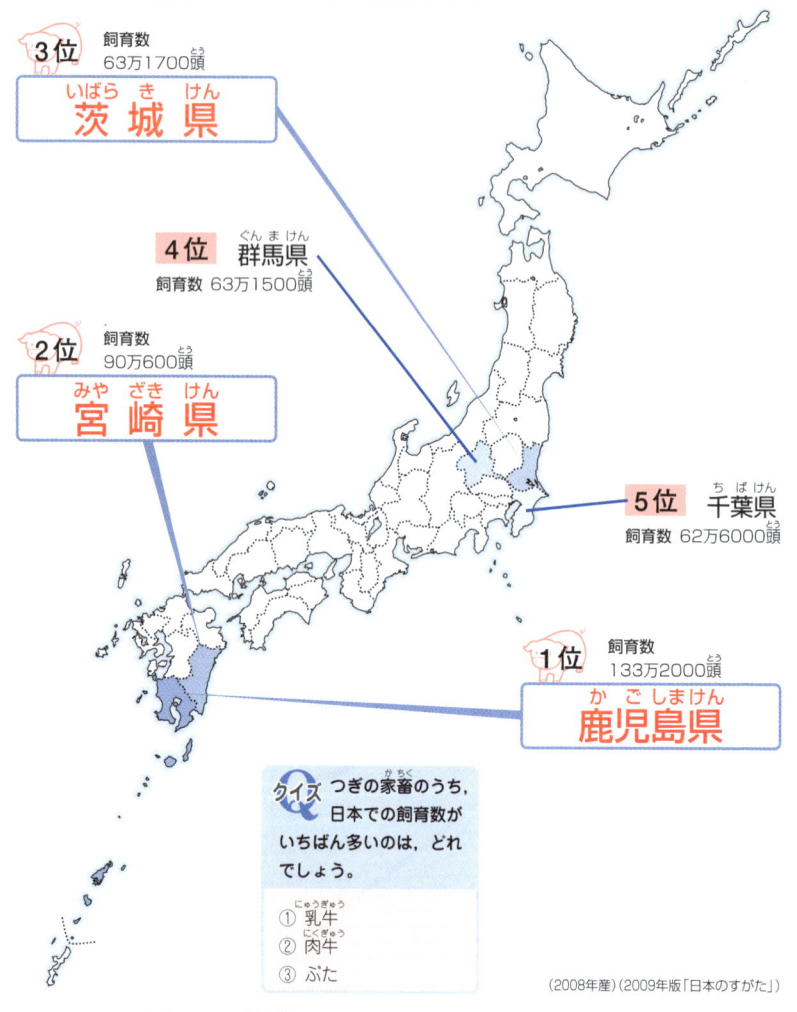

3位 飼育数 63万1700頭
茨城県

4位 群馬県
飼育数 63万1500頭

2位 飼育数 90万600頭
宮崎県

5位 千葉県
飼育数 62万6000頭

1位 飼育数 133万2000頭
鹿児島県

クイズ つぎの家畜のうち、日本での飼育数がいちばん多いのは、どれでしょう。
① 乳牛
② 肉牛
③ ぶた

(2008年産)(2009年版「日本のすがた」)

知ってる? 世界のぶたの飼育国ランキング(2007年)　1位…中国　2位…アメリカ　3位…ブラジル。日本は18位。

クイズの答え ③(①は約150万頭、②は約290万頭、③は約970万頭。2008年。)

78 にわとりを多く飼う都道府県はどこかな？

● にわとり（肉用・採卵用）の飼育数の多い上位5都道府県

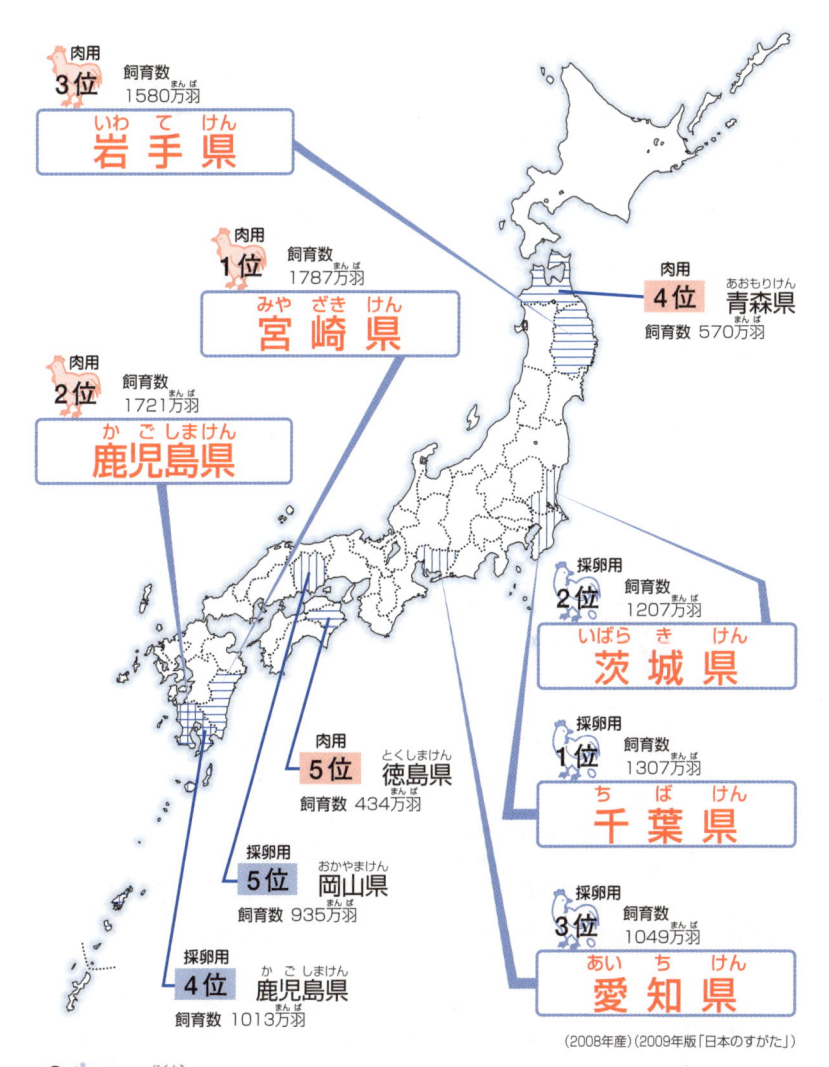

肉用 3位 飼育数 1580万羽
岩手県

肉用 1位 飼育数 1787万羽
宮崎県

肉用 4位 青森県 飼育数 570万羽

肉用 2位 飼育数 1721万羽
鹿児島県

採卵用 2位 飼育数 1207万羽
茨城県

採卵用 1位 飼育数 1307万羽
千葉県

肉用 5位 徳島県 飼育数 434万羽

採卵用 5位 岡山県 飼育数 935万羽

採卵用 3位 飼育数 1049万羽
愛知県

採卵用 4位 鹿児島県 飼育数 1013万羽

(2008年産)(2009年版「日本のすがた」)

知ってる？ 肉用にわとりのことを,「**ブロイラー**」ともよぶ。

79 森林面積の広い都道府県はどこかな？

● 森林面積の広い上位5都道府県

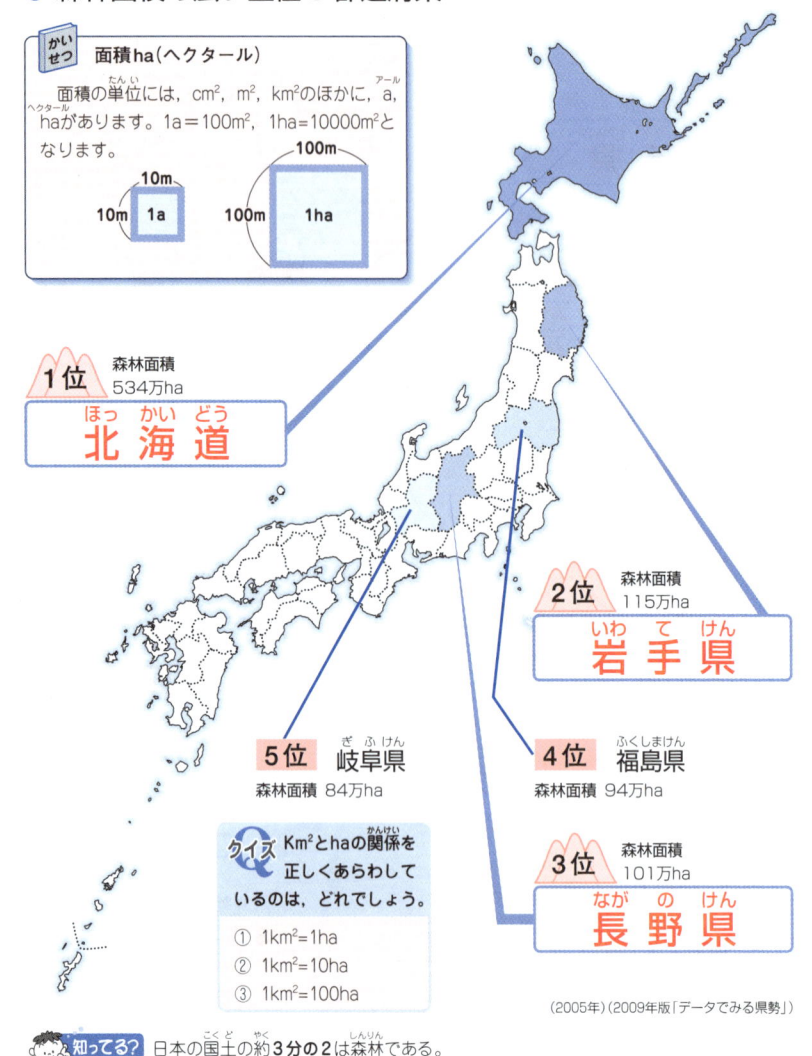

かいせつ 面積ha（ヘクタール）
面積の単位には，cm²，m²，km²のほかに，a，haがあります。1a＝100m²，1ha＝10000m²となります。

- 10m×10m ＝ 1a
- 100m×100m ＝ 1ha

1位 北海道 森林面積 534万ha

2位 岩手県（いわてけん） 森林面積 115万ha

3位 長野県（ながのけん） 森林面積 101万ha

4位 福島県（ふくしまけん） 森林面積 94万ha

5位 岐阜県（ぎふけん） 森林面積 84万ha

クイズ Km²とhaの関係を正しくあらわしているのは，どれでしょう。
① 1km²＝1ha
② 1km²＝10ha
③ 1km²＝100ha

(2005年)(2009年版「データでみる県勢」)

知ってる？ 日本の国土の約3分の2は森林である。

クイズの答え ③（1km²＝1000000m²，1ha＝10000m²だから，1km²は1haの100倍。）

80 水あげ量の多い漁港はどこかな？

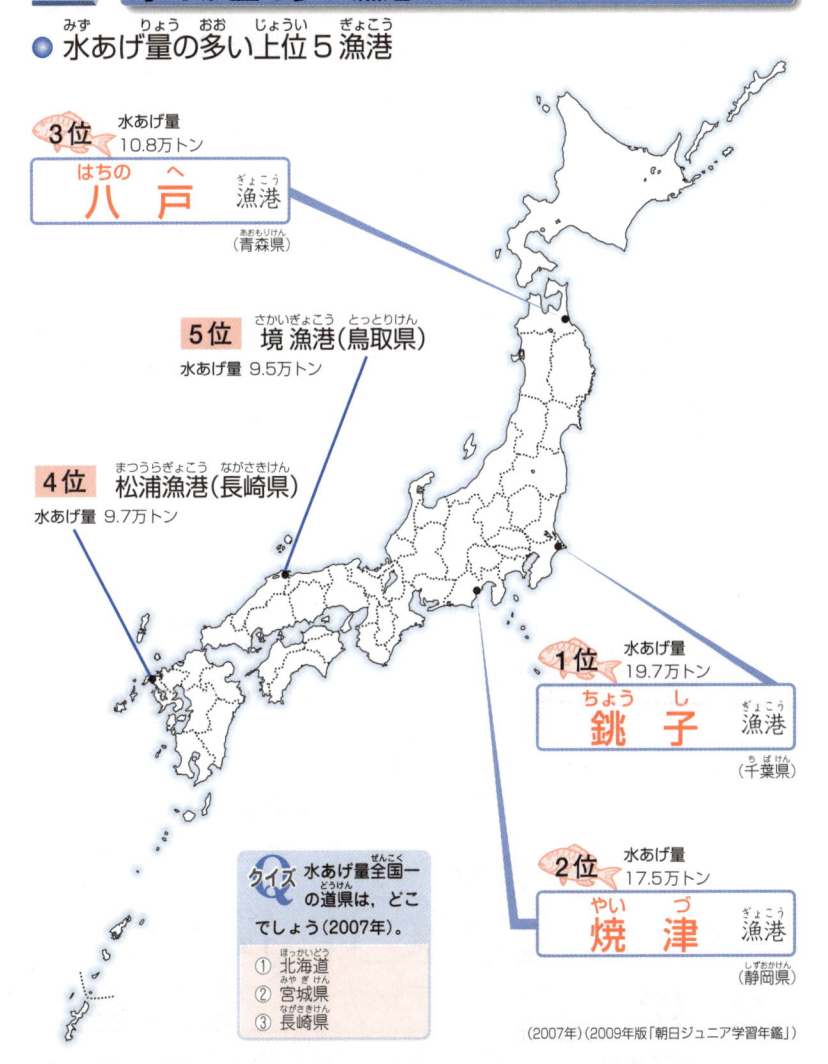

● 水あげ量の多い上位5漁港

3位 水あげ量 10.8万トン
八戸漁港（青森県）

5位 境漁港（鳥取県）
水あげ量 9.5万トン

4位 松浦漁港（長崎県）
水あげ量 9.7万トン

1位 水あげ量 19.7万トン
銚子漁港（千葉県）

2位 水あげ量 17.5万トン
焼津漁港（静岡県）

クイズ
水あげ量全国一の道県は、どこでしょう（2007年）。
① 北海道
② 宮城県
③ 長崎県

(2007年)(2009年版「朝日ジュニア学習年鑑」)

知ってる？ 世界の漁かく量ランキング(2006年) 1位…中国 2位…ペルー 3位…アメリカ。日本は6位。

クイズの答え ①（②は2位、③は3位、4位は青森県、5位は静岡県。）

81 まぐろとさんまの漁かく量の多い都道府県は？

● まぐろとさんまの漁かく量の多い上位５都道府県

さんま
- 1位 北海道 — 漁かく量 12.8万トン
- 2位 宮城県 — 漁かく量 3.2万トン
- 3位 福島県 — 漁かく量 2.4万トン
- 4位 岩手県 — 漁かく量 1.8万トン
- 5位 千葉県 — 漁かく量 1.3万トン

まぐろ
- 1位 静岡県 — 漁かく量 3.0万トン
- 2位 宮城県 — 漁かく量 2.8万トン
- 3位 宮崎県 — 漁かく量 2.2万トン
- 4位 高知県 — 漁かく量 1.9万トン
- 5位 鹿児島県 — 漁かく量 1.8万トン

(2006年)(2009年版「データでみる県勢」)

知ってる？ 200海里漁業水域での外国船の漁かくが制限されている。このため，日本の遠洋漁業の漁かく量は大きくへった。1海里は1852m。

第3章　工業・交通・貿易

82 鉄鋼の生産額が多い都道府県はどこかな？

● 鉄鋼の生産額が多い上位5都道府県

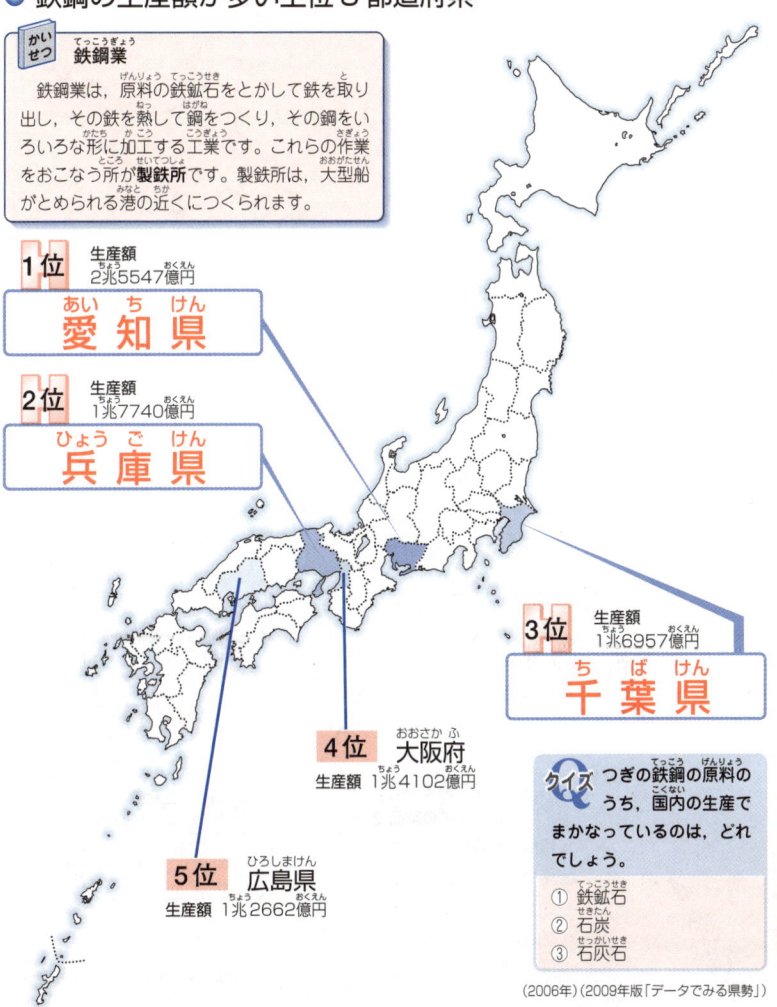

かいせつ　鉄鋼業
鉄鋼業は，原料の鉄鉱石をとかして鉄を取り出し，その鉄を熱して鋼をつくり，その鋼をいろいろな形に加工する工業です。これらの作業をおこなう所が**製鉄所**です。製鉄所は，大型船がとめられる港の近くにつくられます。

1位　愛知県
生産額　2兆5547億円

2位　兵庫県
生産額　1兆7740億円

3位　千葉県
生産額　1兆6957億円

4位　大阪府
生産額　1兆4102億円

5位　広島県
生産額　1兆2662億円

クイズ　つぎの鉄鋼の原料のうち，国内の生産でまかなっているのは，どれでしょう。
① 鉄鉱石
② 石炭
③ 石灰石

(2006年)(2009年版「データでみる県勢」)

知ってる？　世界の鉄(粗鋼)の生産高ランキング(2008年)　1位…中国　2位…日本　3位…アメリカ。

クイズの答え　③(①・②は，そのほとんどを輸入にたよっている。)

83 化学工業の生産額が多い都道府県はどこかな？

● 化学工業の生産額が多い上位5都道府県

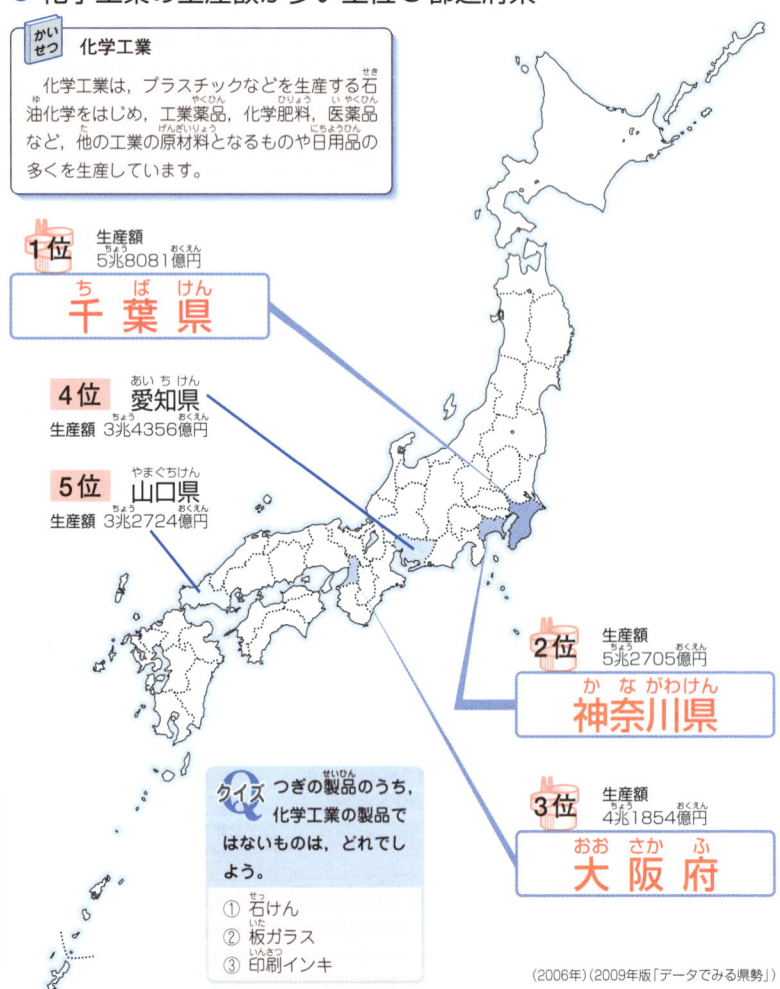

かいせつ 化学工業

化学工業は、プラスチックなどを生産する石油化学をはじめ、工業薬品、化学肥料、医薬品など、他の工業の原材料となるものや日用品の多くを生産しています。

1位 生産額 5兆8081億円
千葉県

2位 生産額 5兆2705億円
神奈川県

3位 生産額 4兆1854億円
大阪府

4位 愛知県
生産額 3兆4356億円

5位 山口県
生産額 3兆2724億円

クイズ つぎの製品のうち、化学工業の製品ではないものは、どれでしょう。
① 石けん
② 板ガラス
③ 印刷インキ

(2006年)(2009年版「データでみる県勢」)

知ってる？ 製鉄所と同じく、**日本の石油化学コンビナート**は、タンカーなどが入港できる臨海部にけんせつされている。

クイズの答え ②(②は、セメントなどとともに「よう業」に入る。)

84 機械工業の生産額が多い都道府県はどこかな？

● 機械工業の生産額が多い上位5都道府県

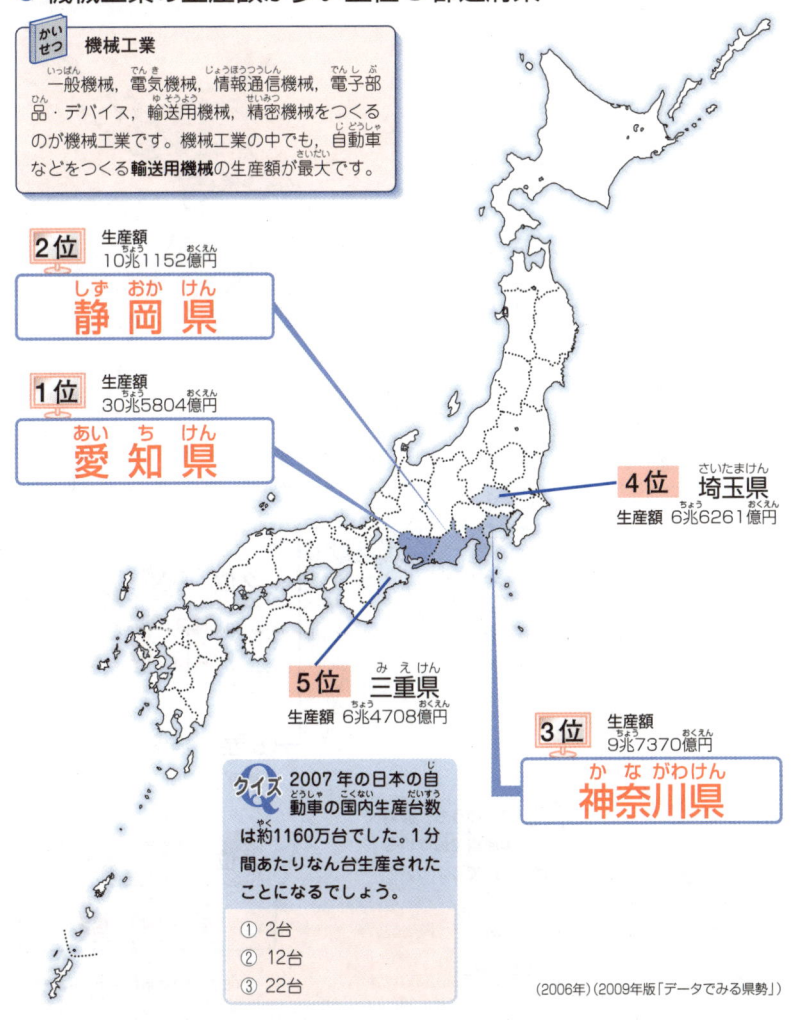

> **かいせつ 機械工業**
> 一般機械，電気機械，情報通信機械，電子部品・デバイス，輸送用機械，精密機械をつくるのが機械工業です。機械工業の中でも，自動車などをつくる**輸送用機械**の生産額が最大です。

2位 生産額 10兆1152億円
静岡県

1位 生産額 30兆5804億円
愛知県

4位 埼玉県
生産額 6兆6261億円

5位 三重県
生産額 6兆4708億円

3位 生産額 9兆7370億円
神奈川県

> **クイズ** 2007年の日本の自動車の国内生産台数は約1160万台でした。1分間あたりなん台生産されたことになるでしょう。
> ① 2台
> ② 12台
> ③ 22台

(2006年)(2009年版「データでみる県勢」)

知ってる？ 愛知県の輸送用機械の生産額は，県の工業生産額の約半分をしめる(2006年)。

クイズの答え ③(電卓で計算してみる。1160万÷365〈1日〉÷24〈1時間〉÷60〈1分〉＝22.0…。)

85 食料品工業の生産額が多い都道府県はどこかな？

● 食料品工業の生産額が多い上位5都道府県

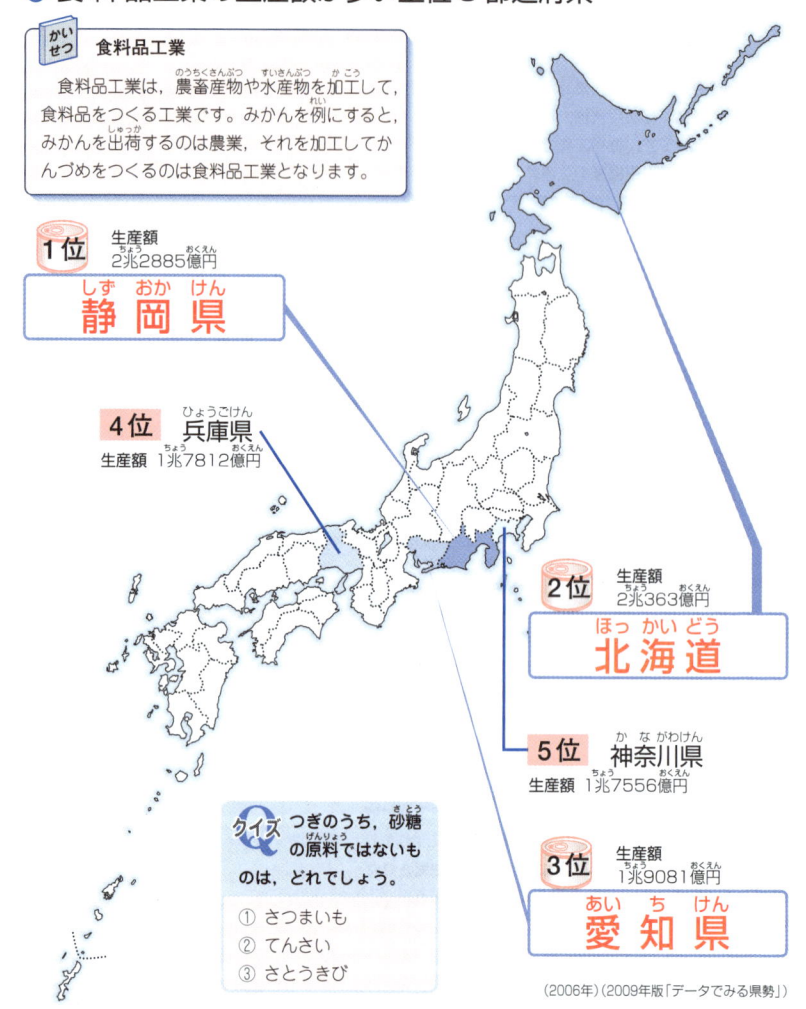

かいせつ　食料品工業
食料品工業は、農畜産物や水産物を加工して、食料品をつくる工業です。みかんを例にすると、みかんを出荷するのは農業、それを加工してかんづめをつくるのは食料品工業となります。

1位　静岡県
生産額 2兆2885億円

4位　兵庫県
生産額 1兆7812億円

2位　北海道
生産額 2兆363億円

5位　神奈川県
生産額 1兆7556億円

3位　愛知県
生産額 1兆9081億円

クイズ つぎのうち、砂糖の原料ではないものは、どれでしょう。
① さつまいも
② てんさい
③ さとうきび

(2006年)(2009年版「データでみる県勢」)

知ってる？ 食料品工業の生産額は、全体の10パーセント〈％〉以上にあたり、金属工業や化学工業にならぶ大きな工業である。工場は、原材料の産地周辺にできやすい。

クイズの答え ①（②は北海道、③は沖縄県の特産物。）

86 日本の工業地帯・地域を覚えよう

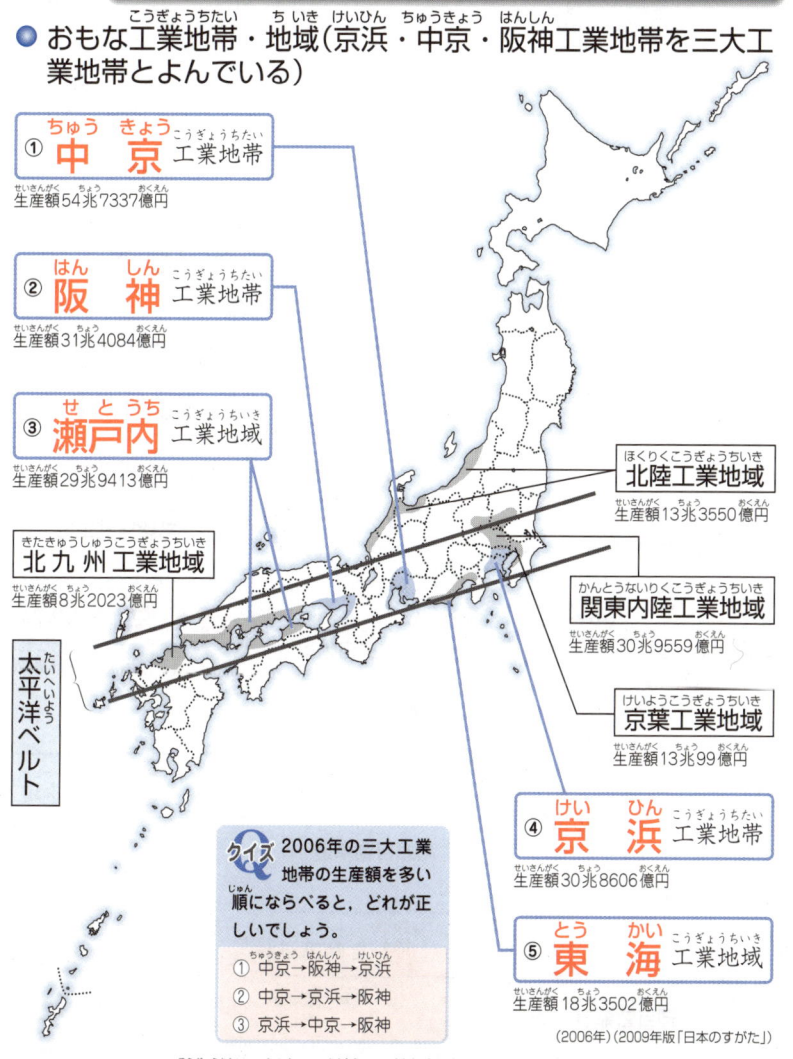

● おもな工業地帯・地域（京浜・中京・阪神工業地帯を三大工業地帯とよんでいる）

① **中京**工業地帯
生産額54兆7337億円

② **阪神**工業地帯
生産額31兆4084億円

③ **瀬戸内**工業地域
生産額29兆9413億円

北九州工業地域
生産額8兆2023億円

太平洋ベルト

北陸工業地域
生産額13兆3550億円

関東内陸工業地域
生産額30兆9559億円

京葉工業地域
生産額13兆99億円

④ **京浜**工業地帯
生産額30兆8606億円

⑤ **東海**工業地域
生産額18兆3502億円

(2006年)(2009年版「日本のすがた」)

クイズ 2006年の三大工業地帯の生産額を多い順にならべると、どれが正しいでしょう。
① 中京→阪神→京浜
② 中京→京浜→阪神
③ 京浜→中京→阪神

知ってる？ 日本の工業地帯・地域は、関東から北九州にかけた太平洋・瀬戸内海の沿岸に集中している。この地域を**太平洋ベルト**とよんでいる。

クイズの答え ①(中京工業地帯の生産額が多いのに着目する。)

87 おもな高速道路のルートを覚えよう

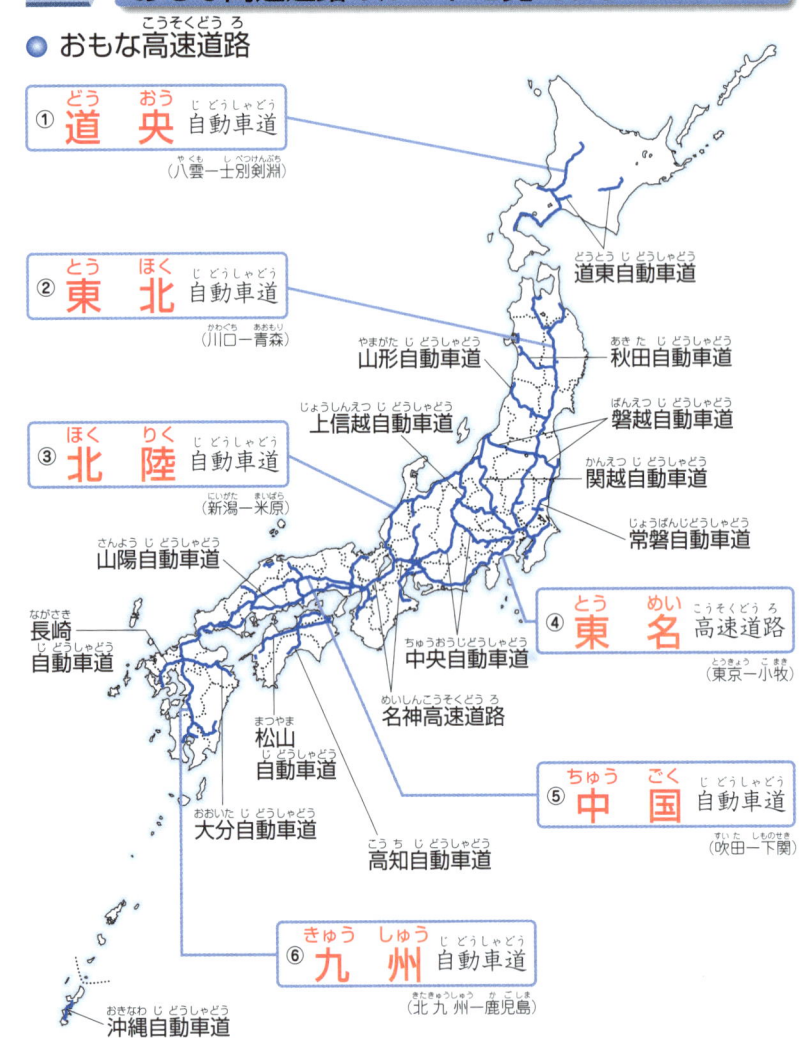

● おもな高速道路

① 道央自動車道（八雲―士別剣淵）

② 東北自動車道（川口―青森）

③ 北陸自動車道（新潟―米原）

④ 東名高速道路（東京―小牧）

⑤ 中国自動車道（吹田―下関）

⑥ 九州自動車道（北九州―鹿児島）

道東自動車道
山形自動車道
秋田自動車道
上信越自動車道
磐越自動車道
関越自動車道
常磐自動車道
山陽自動車道
長崎自動車道
中央自動車道
名神高速道路
松山自動車道
大分自動車道
高知自動車道
沖縄自動車道

(2008年12月)

知ってる? 高速道路が通っていない都道府県はない。

88 新幹線のルートを覚えよう

● 新幹線のルート

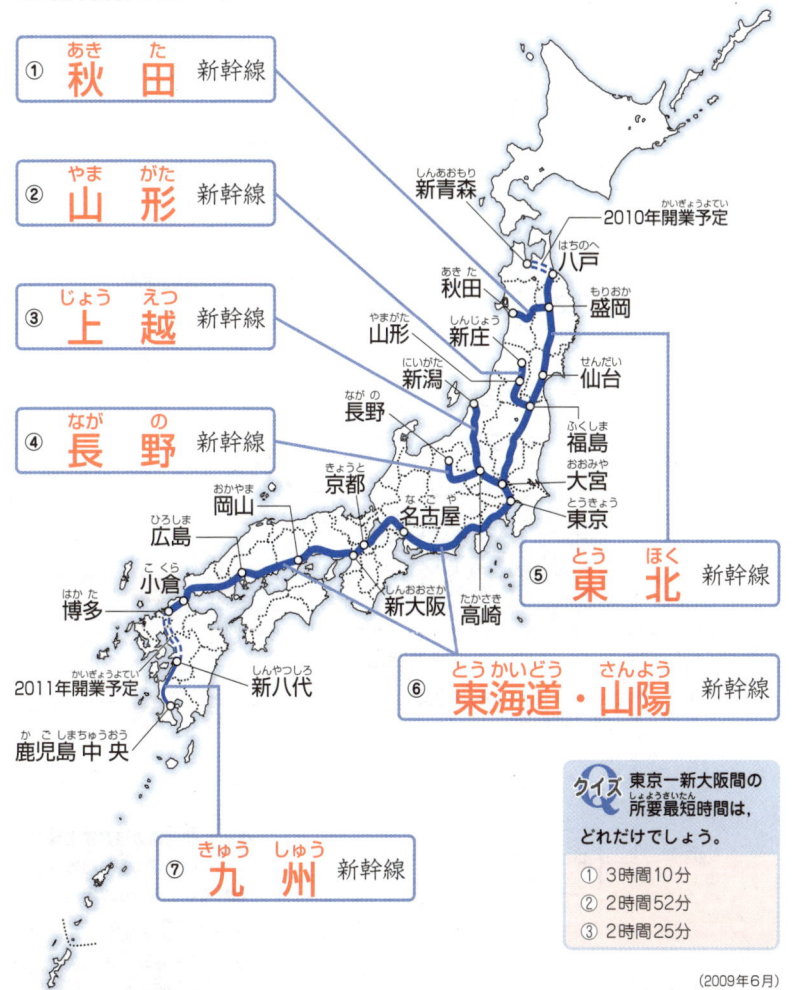

① 秋田新幹線
② 山形新幹線
③ 上越新幹線
④ 長野新幹線
⑤ 東北新幹線
⑥ 東海道・山陽新幹線
⑦ 九州新幹線

地図中の地名：
新青森、2010年開業予定、八戸、秋田、盛岡、山形、新庄、新潟、仙台、長野、福島、京都、大宮、岡山、名古屋、東京、広島、小倉、博多、新大阪、高崎、2011年開業予定、新八代、鹿児島中央

クイズ 東京―新大阪間の所要最短時間は、どれだけでしょう。
① 3時間10分
② 2時間52分
③ 2時間25分

(2009年6月)

知ってる? 1964年開通の東海道新幹線(東京―新大阪)が最初。初代の新幹線車両の「0系」が2008年12月に引退した。

クイズの答え ③(①は開通時、②は1986～92年の所要時間。)

89 おもな空港を覚えよう

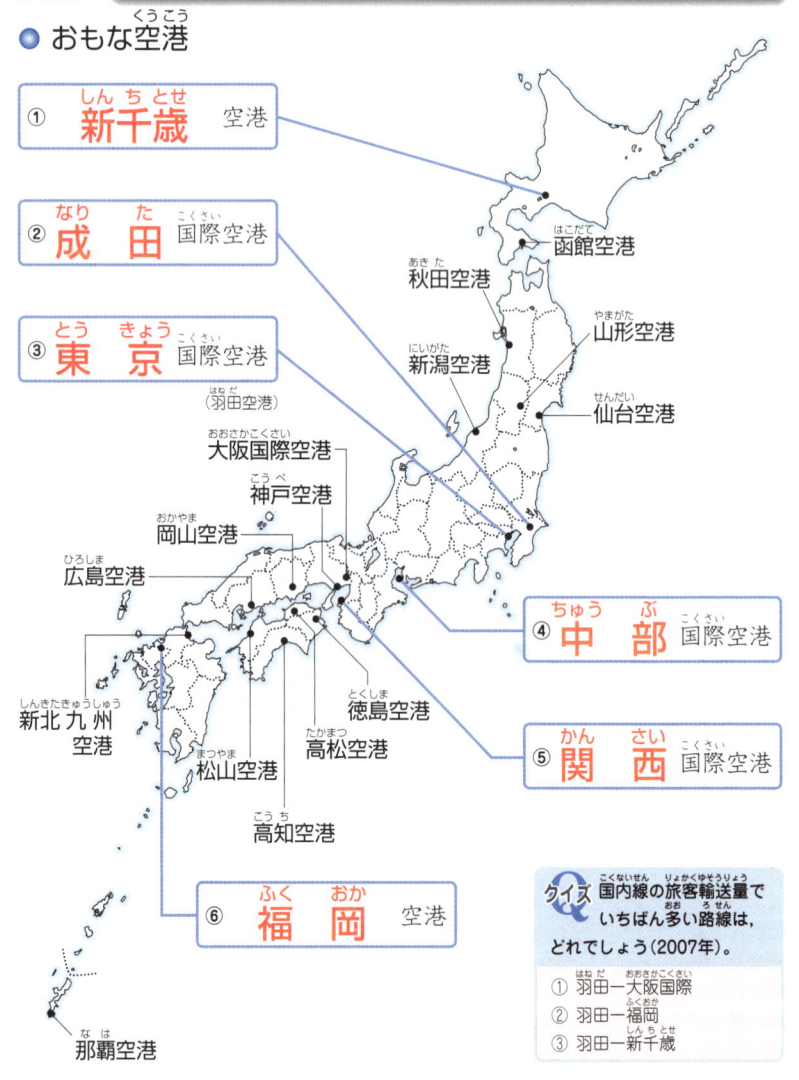

● おもな空港

① 新千歳空港
② 成田国際空港
③ 東京国際空港（羽田空港）
④ 中部国際空港
⑤ 関西国際空港
⑥ 福岡空港

函館空港
秋田空港
山形空港
新潟空港
仙台空港
大阪国際空港
神戸空港
岡山空港
広島空港
新北九州空港
松山空港
徳島空港
高松空港
高知空港
那覇空港

クイズ 国内線の旅客輸送量でいちばん多い路線は、どれでしょう（2007年）。
① 羽田ー大阪国際
② 羽田ー福岡
③ 羽田ー新千歳

知ってる? 「日本の玄関口」であり、日本一の空の貿易港は**成田国際空港**。

クイズの答え ③

90 入港した船のトン数が多い港を覚えよう

● 入港した船のトン数が多い上位5港

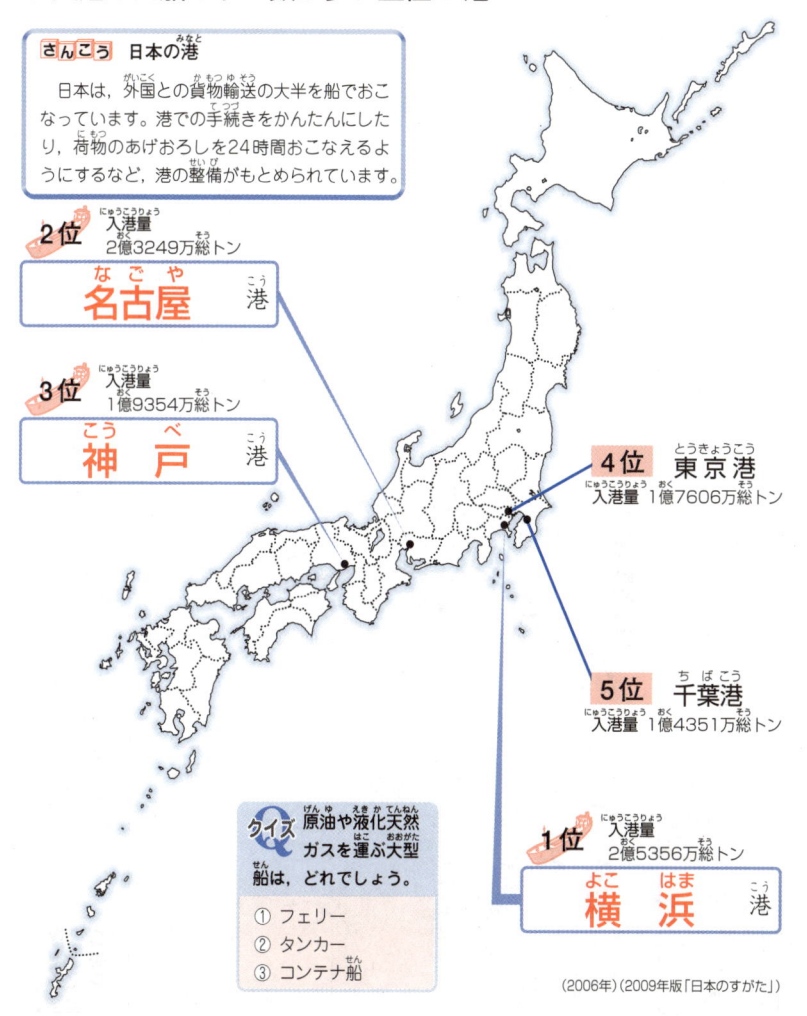

さんこう 日本の港

日本は,外国との貨物輸送の大半を船でおこなっています。港での手続きをかんたんにしたり,荷物のあげおろしを24時間おこなえるようにするなど,港の整備がもとめられています。

2位 入港量 2億3249万総トン
名古屋港

3位 入港量 1億9354万総トン
神戸港

4位 東京港
入港量 1億7606万総トン

5位 千葉港
入港量 1億4351万総トン

1位 入港量 2億5356万総トン
横浜港

クイズ 原油や液化天然ガスを運ぶ大型船は、どれでしょう。
① フェリー
② タンカー
③ コンテナ船

(2006年)(2009年版「日本のすがた」)

知ってる? 上位5港は、いずれも太平洋ベルトの中にある。

クイズの答え ②(①は、自動車を乗客や積み荷ごと運ぶ大型船。③は、荷物を入れた箱型の容器を積んだ大型船。)

91 日本が食料を多く輸入している国はどこかな？

●日本が食料を多く輸入している国

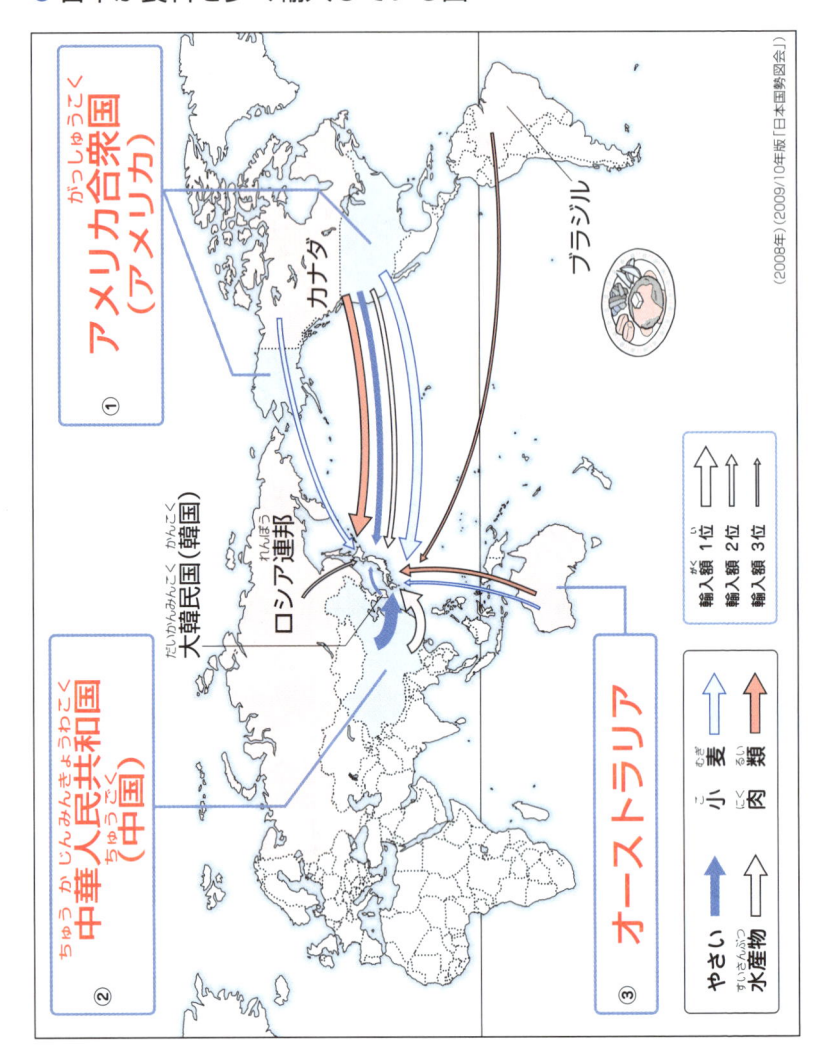

(2008年)(2009/10年版「日本国勢図会」)

① アメリカ合衆国（アメリカ）

② 中華人民共和国（中国）

③ オーストラリア

カナダ
ブラジル
大韓民国（韓国）
ロシア連邦

輸入額1位 ⇧
輸入額2位 ⇧
輸入額3位 ⇨

やさい ⬆　小麦 ⇧　肉類 ⇧
水産物 ⇨

知ってる？ 日本は世界でいちばん多く**水産物を輸入している**国（2006年）。

92 日本が資源を多く輸入している国はどこかな？

● 日本が資源を多く輸入している国

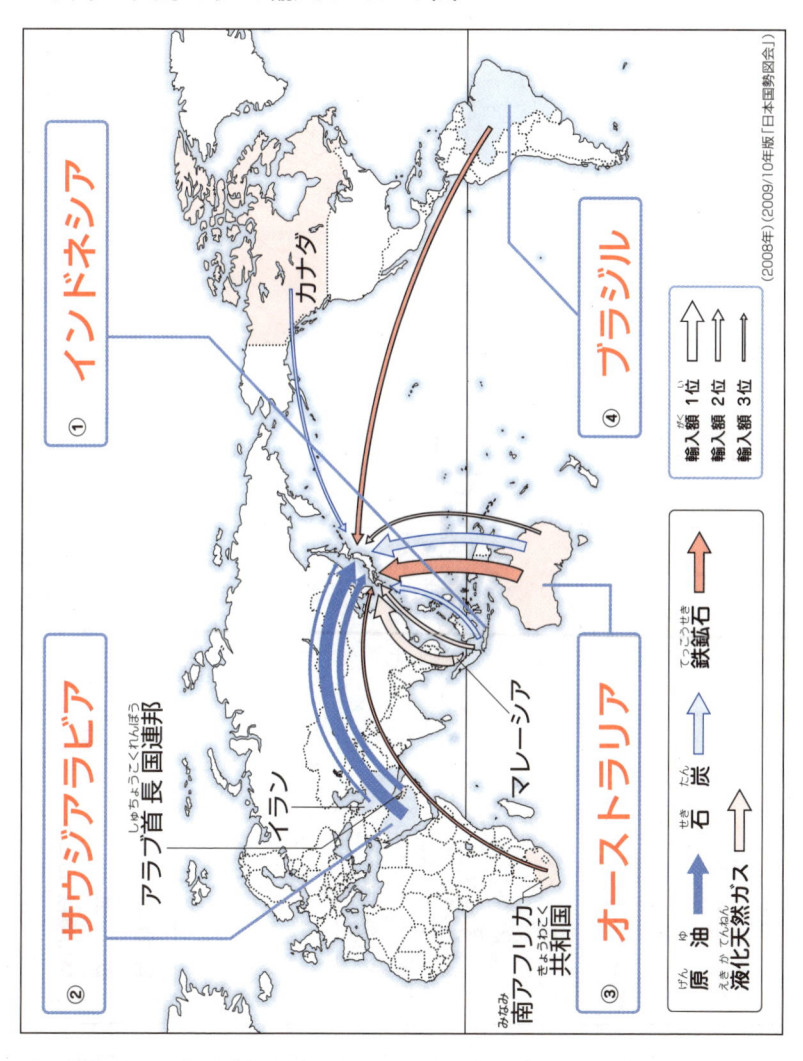

(2008年)(2009/10年版「日本国勢図会」)

① インドネシア
② サウジアラビア
③ オーストラリア
④ ブラジル

カナダ
アラブ首長国連邦
イラン
マレーシア
南アフリカ共和国

輸入額 1位
輸入額 2位
輸入額 3位

原油
石炭
液化天然ガス
鉄鉱石

知ってる？ 日本は，これらの資源の100パーセント〈％〉近くを輸入にたよっている。

93 日本が工業製品を多く輸出している国はどこかな？

●日本が工業製品を多く輸出している国

(2008年)(2009/10年版「日本国勢図会」)

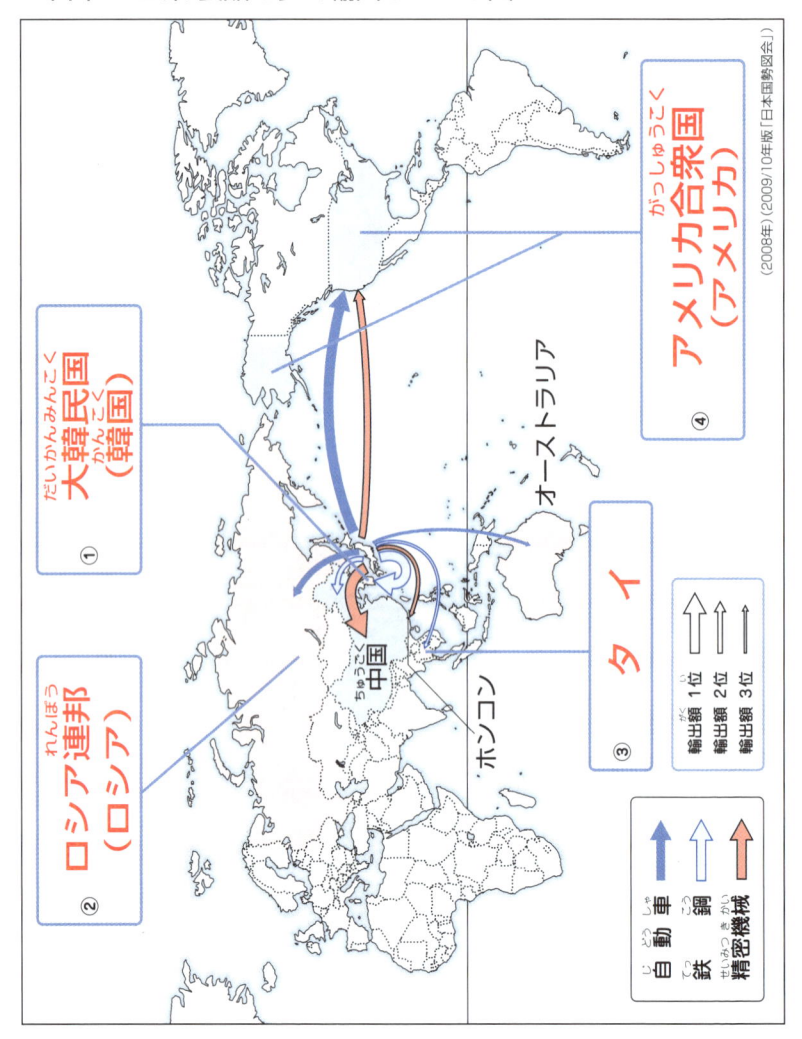

① 大韓民国（韓国）
② ロシア連邦（ロシア）
③ タイ
④ アメリカ合衆国（アメリカ）

オーストラリア
中国
ホンコン

輸出額 1位 ⇧
輸出額 2位 ⇧
輸出額 3位 →

自動車
鉄鋼
精密機械

知ってる？ 2008年の日本の輸出総額は約81兆円、輸入総額は約79兆円。差し引き約2兆円もうけたことになる。